起業のための
事業計画書のすべて

Business Plan

兼田武剛

実務入門

事業計画書
フォーマット集を
巻末に収録

日本能率協会マネジメントセンター

はじめに

　私は大手自動車メーカーに約30年間勤めた後、2000年に起業しました。以来、IT化やマーケティングのコンサルティング業務の傍ら、100社以上が集う横浜の民間のインキュベーション施設「アイ・エス・オー」のインキュベーション・マネジャーとして、起業塾も主宰し、起業家の創業支援に努めてきました。
　また、全国の数百人の方々に「事業計画書フォーマット」をお送りし、その相談にも応じてきました。
　私がお伝えしている起業成功のためのポイントは、①強い志、②実行可能な事業計画、③資金、の３点です。
　起業家のビジネスが最初からうまくいくケースはむしろ稀で、特に最初の数年は販売面で苦戦したり、資金が不足したりと想定外のケースに遭遇しています。これを乗り越えるためには、強い「志」と「情熱」「起業家魂」がどうしても必要です。
　それと同時に、実行可能な事業計画を作成することが必要です。起業のための事業計画策定の基本手順は、

1　市場調査をきちんと行い
2　自分の強み、弱みをしっかり認識した上で
3　起業の方向・目的・ビジネスモデルを固め
4　ターゲット市場・顧客を絞り込み
5　起業前に顧客獲得の見通しを立てた上で
6　起業への長期・中期・短期計画を策定し、実行する

となります。基本に則って実行すれば、必ず道は拓けてきます。
　本書は、起業をお考えのあなたのために、成功する事業計画策定への取り組み方を実践的にお伝えするように心がけました。お役に立てれば幸いです。

2005年　2月　　　　　　　　　　　　　　　　　　兼田　武剛

起業のための事業計画書のすべて◎目次

はじめに

第1章 なぜ事業計画を立てるのか

- ① 起業するときに最初にやるべきこと ── 10
- ② 計画を立てる意義 ── 12
- ③ 起業に必要な事業計画の体系 ── 14
- ④ 何のために事業計画書を作るのか ── 16
- 参考資料：国民生活金融公庫　借入申込書（記入例）── 20

第2章 事業計画の根幹を固める

- ① 自分の強みを「磨く」── 22
- ② 自分の「夢」と「強み」を結びつけ、起業を志す ── 24
- ③ 企業理念を固める ── 26
- ④ マクロ・ミクロ分析で世の中の動きを知る ── 28
- ⑤ これから伸びる事業分野は何か ── 30
- ⑥ 起業家ならまずニッチを狙え ── 32
- ⑦ 市場を細分化してみる（セグメンテーション）── 34
- ⑧ 標的市場を選定する（ターゲティング）── 36
- ⑨ 自社の勝ち位置を決定する（ポジショニング）── 38
- ⑩ 自社の経営資源を分析する ── 40
- ⑪ 事業が成功するカギは何か ── 42
- ⑫ 事業の領域を決める ── 44
- ⑬ 長期ビジョンを設定する ── 46
- 参考：SWOT分析 ── 48

第3章 中期業務計画を立てる

- 1 必要な人材を確保する ― 50
- 2 組織・人事計画を立てる ― 52
- 3 協力者・支援者を募る ― 54
- 4 商品やサービスをどのように開発するか ― 56
- 5 最適な仕入先を見つけ出す ― 58
- 6 自社生産か委託生産かを検討する ― 60
- 7 マーケティングの4Pで販売計画を立てる ― 62
- 8 買い手の立場から商品戦略を考える ― 64
- 9 価格戦略が販売計画の明暗を分ける ― 66
- 10 4つの視点から販促戦略を考える ― 68
- 11 コストを考えて流通戦略を検討する ― 70
- 12 具体的な売上の目標値を決める ― 72
- 13 様々なシナリオを検討し売上目標を固める ― 74

第4章 中期収支計画を立てる

- 1 目標P/L作成の考え方 ― 78
- 2 損益分岐点分析で変動費と固定費を考える ― 82
- 3 目標C/Fに最も注意する ― 84
- 4 現実に即して目標C/Fを修正する ― 88
- 5 目標P/Lを修正する ― 92
- 6 最後に目標B/Sを作成する ― 94

第5章 資金調達計画を立てる

1. 資金調達の考え方とその順序 ── 98
2. 資金調達の方法とその優先順位を知る ── 100
3. 公的支援を大いに活用する ── 102
4. 助成金・補助金を利用する ── 104
5. 借りやすい公的融資の利用法 ── 106
6. 「これから」が期待されるエンジェル ── 108
7. 注意が必要な少人数私募債 ── 110

参考資料：受給資格者創業支援助成金申請書 ── 112

第6章 実行計画を立てる

1. 会社立ち上げ日程計画を立てる ── 114
2. タイミングが大事なもの ── 116
3. 個人事業か、法人にするか ── 118
4. 株式か、有限か、別組織か ── 120
5. 会社名、商品名を決める ── 122
6. 会社のURLを取得する ── 124
7. 事務所・設備を確保する ── 126
8. 新規顧客をいかに開拓するか ── 128
9. ITを活用した販促策 ── 130
10. ホームページ活用のポイント ── 132
11. 顧客データを活用して販促策を考える ── 134
12. コストの安いEメールを活用する ── 136
13. パブリシティは効果絶大 ── 138
14. 最重要顧客をとにかく大事にする ── 140
15. 資金繰り対策は入念に ── 142

起業事例1 ── 144

第7章 事業計画を評価し、見直す

- 1 創業時の精神・コンセプトを大切にする ── 146
- 2 必要箇所は期ごとに追加・修正する ── 148
- 3 商品・サービスのライフサイクルを見直す ── 150
- 4 PPMで経営資源の配分を見直す ── 152
- 5 さらなる拡大戦略・多角化戦略を検討する ── 154
- 6 株式公開のメリットは何か ── 156
- 7 バランススコアカードによる事業計画の管理 ── 158

起業事例2 ── 160

第8章 事業計画を磨く・説く

- 1 感動させる事業計画書の書き方 ── 162
- 2 事業計画は三現主義で作る ── 164
- 3 計画書の段階から妥協してはダメ ── 166
- 4 戦略から戦術へブレークダウンする ── 168
- 5 3年先から今日まで遡る ── 170
- 6 見えないところでの深い検討が事業計画の迫力を増す ── 172
- 7 ピボットテーブルで分析に深みを ── 174
- 8 リスク対策にも万全を ── 178

起業事例3 ── 180

巻末付録　事業計画書フォーマット集 ── 181

第1章 なぜ事業計画を立てるのか

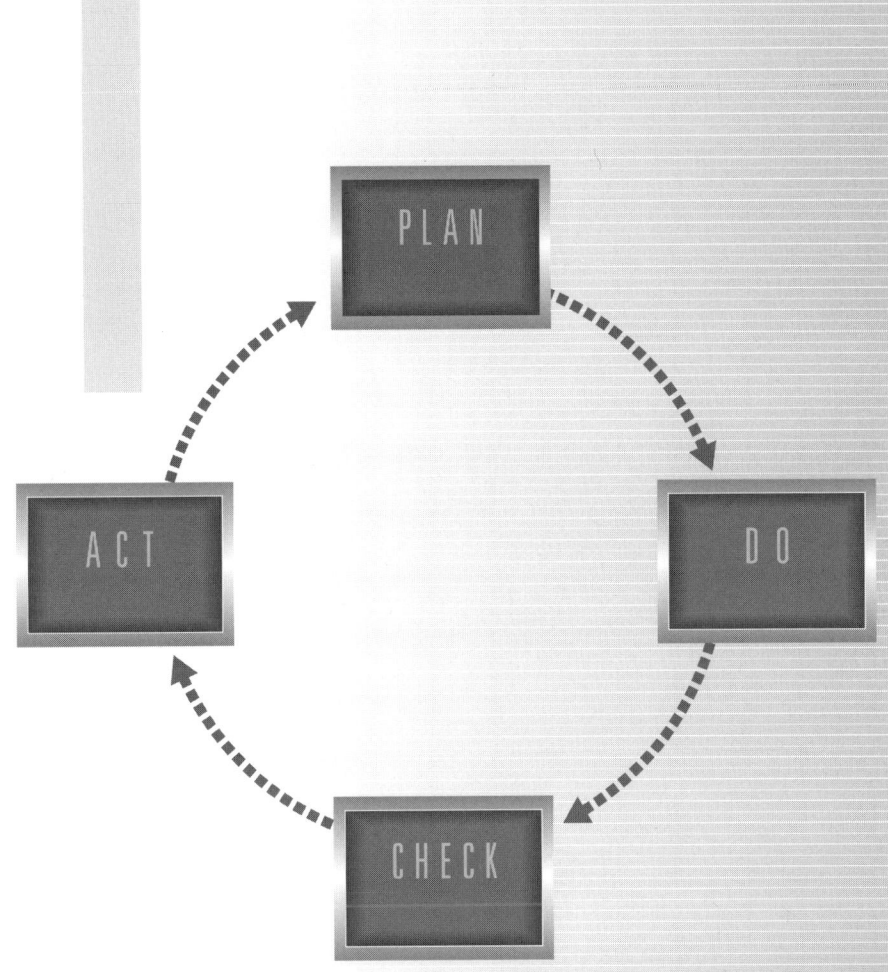

1 起業するときに最初にやるべきこと

　日本で「目標管理」の考え方がポピュラーになったのは、1950年代にP.F.ドラッカーがその著書『現代の経営』で「目標管理」(MBO＝Management By Objectives)の考え方を紹介したことがはじまりと言われています。この目標管理のプロセスを確実に実行する手法として用いられるのが「PDCAサイクル」です。

◆PLAN（プラン：計画・立案）
◆DO（ドゥ：実行・実施）
◆CHECK（チェック：評価・検証・監査）
◆ACT（アクト：見直し・対策・改善）

　この4つのステップを右図のようにサイクルとしてとらえているのがPDCAサイクルです。企業を永続的に発展させていくためには、このPDCAサイクルを回し続けることが基本中の基本となります。

　日本経営品質賞（JQA：Japan Quality Award）や、ISO規格（International Organization for Standardization）をはじめ、マネジメントのあらゆる分野でこのPDCAサイクルを忠実に回すことが、企業経営の王道となっています。ですから、起業の際にもまず計画を立てることから始める必要があります。

　「事業計画」とは単に計画することだけを指すのではなく、このPDCAの4つのステップすべてを指す概念です。計画しても実行しなければ目標は達成できません。実行した結果を計画に照らして評価し、見直しを実施することで次の計画がさらにレベルアップします。

　起業家の場合、えてして自分の頭の中だけに漠然と計画されていたり、計画はあってもその通り実行されなかったり、といったケースが少なからず見受けられます。起業時こそ、このPDCAサイクルを強く意識して「計画」し、「実行」することが大切なのです。

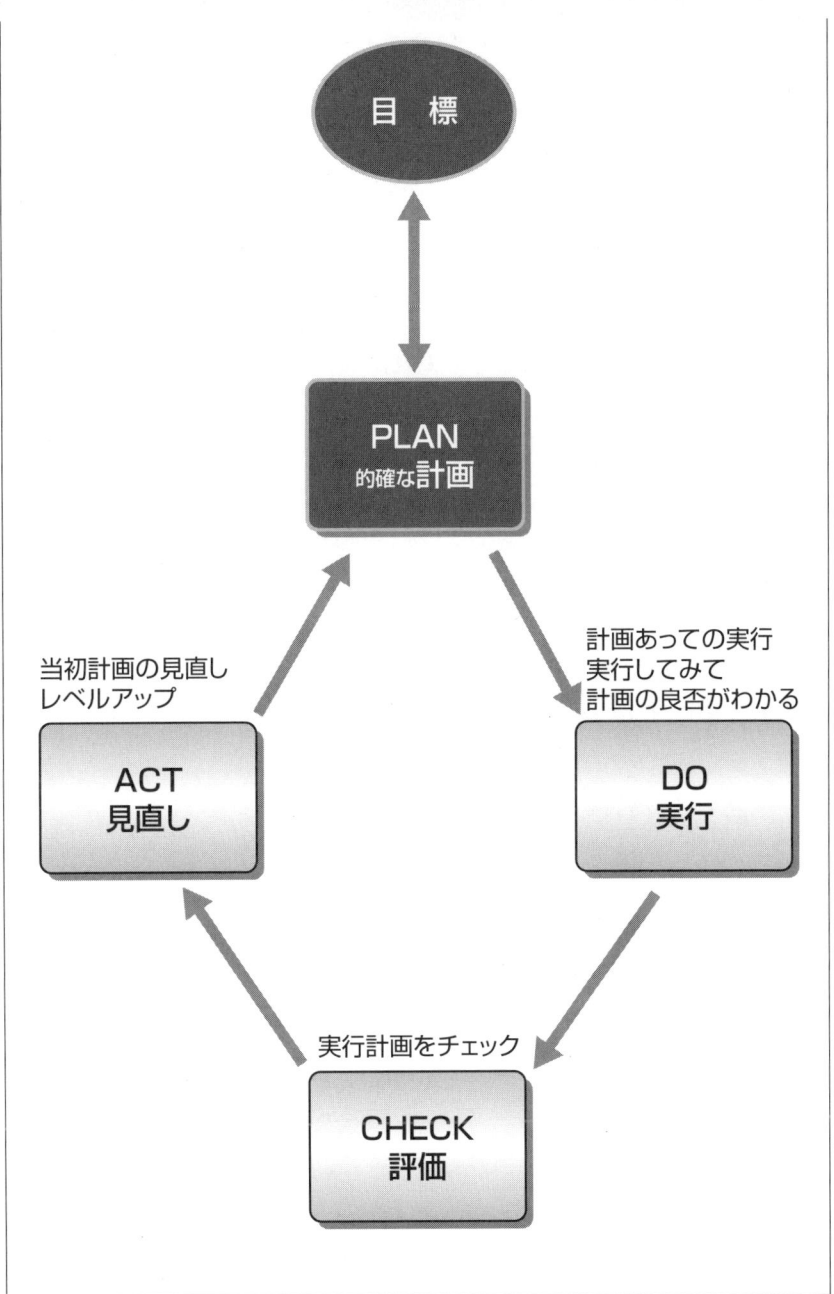

2 計画を立てる意義

　PDCAサイクルをきちんと回すためには、まずPLAN（計画）を的確に立てることが大事です。計画とは、「こうなりたい」という目標を定め、その目標を達成するために、誰が、いつまでに、何を、どこで、どのように行うかを決めることを言います。

　特に「誰が」「いつまでに」行うかを明確にしておくことが成功のためのポイントになります。やるべき行動アイテムを各人に事前に割り振り、責任と権限を明確にしておくことで、その後の活動を計画的、効果的に進めることができます。各人のやるべきこと、責任をはっきりと「計画書」の中に明示することが、人に「やる気」を持たせ、「実行」に導く大きな要因になるのです。

　計画を立てる意義としては、主に次の4つが考えられます。

①計画を立てることで目標の実現度が高まる
②仲間の中に共通の意識が醸成される
③意思決定促進の役割を果たす
④計画と実績のギャップがわかり、進捗が管理できる

　起業においても計画を有して臨むのと、そうでないのとでは天地雲泥の差が生じます。将来の行動予定を事前に決めることで、その後のあらゆるステップが確実に効率化されます。

　「小さな準備、大きな成果」「事前の一策は事後の百策に勝る」。

　事業計画は、内容や期間によって、次のように分類されます。

◆企業理念・事業領域・長期ビジョン
◆中期業務計画（人員、開発、仕入、生産、販売）
◆中期収支計画　◆資金調達計画
◆実行計画　◆年度予算
◆リスク対策

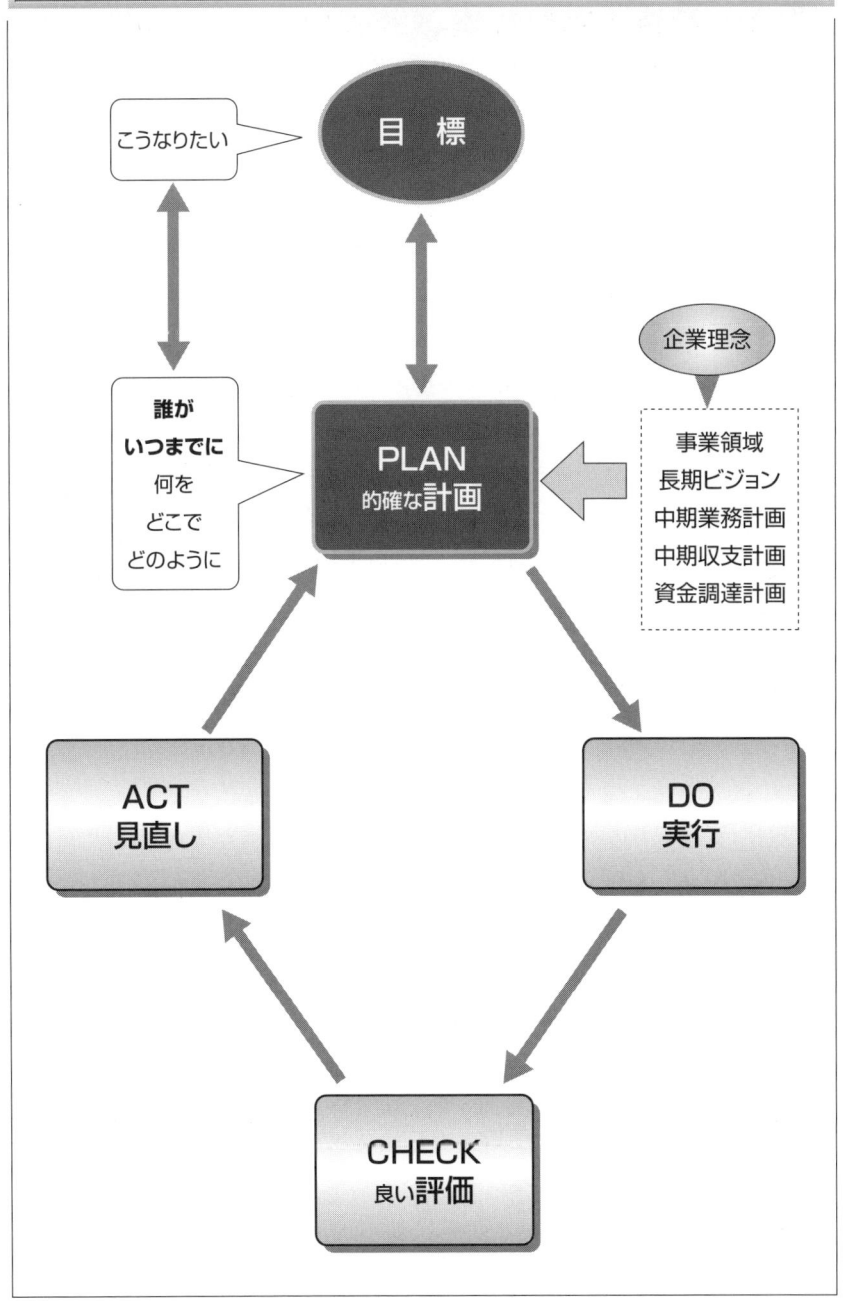

3 起業に必要な事業計画の体系

　事業計画は長期計画、中期計画、短期計画で構成されます。長期計画は5～10年、中期計画は3～5年、短期計画は1年をメドに作成されます。作成も長期→中期→短期の順に行います。
　起業した後では、当面の対策が次々と飛び込んできて、長期・中期のことなどは考えられなくなりますから、必ず起業前に作成してください。

◆**長期計画**
　起業の内容によっては10年、20年におよぶ長期の詳細な事業計画が必要になりますが、先が見えにくい起業家の場合には、「企業理念」「事業領域」「長期ビジョン」の策定が、イコール長期計画作成と考えれば良いでしょう。
　すでに軌道に乗っている一般企業では、これら「企業理念」「事業領域」「長期ビジョン」が設定されているのが普通ですが、起業家の場合、これら計画の根幹部分を、ゼロから全く新たに作る必要があります。しかも、企業理念の設定などは疎かにできない重要なプロセスですので、周囲の人も巻き込んで納得のいくまで検討し、しっかりとした理念やビジョンを作ってください。

◆**中期計画・短期計画**
　長期計画に基づき、中期・短期の「行動計画」と「数値目標」を作ります。起業はやってみないとわからない未知の部分も多く、数値目標通りにいかないのが普通です。したがって、大事になるのが行動計画と言えます。

　年度計画は重要だが、長期・中期計画は立ててもしょうがないと言う人がいます。しかし、長期・中期計画こそが、協力者との理念の共有や、顧客とのコミュニケーションに重要な役割を果たすことになります。

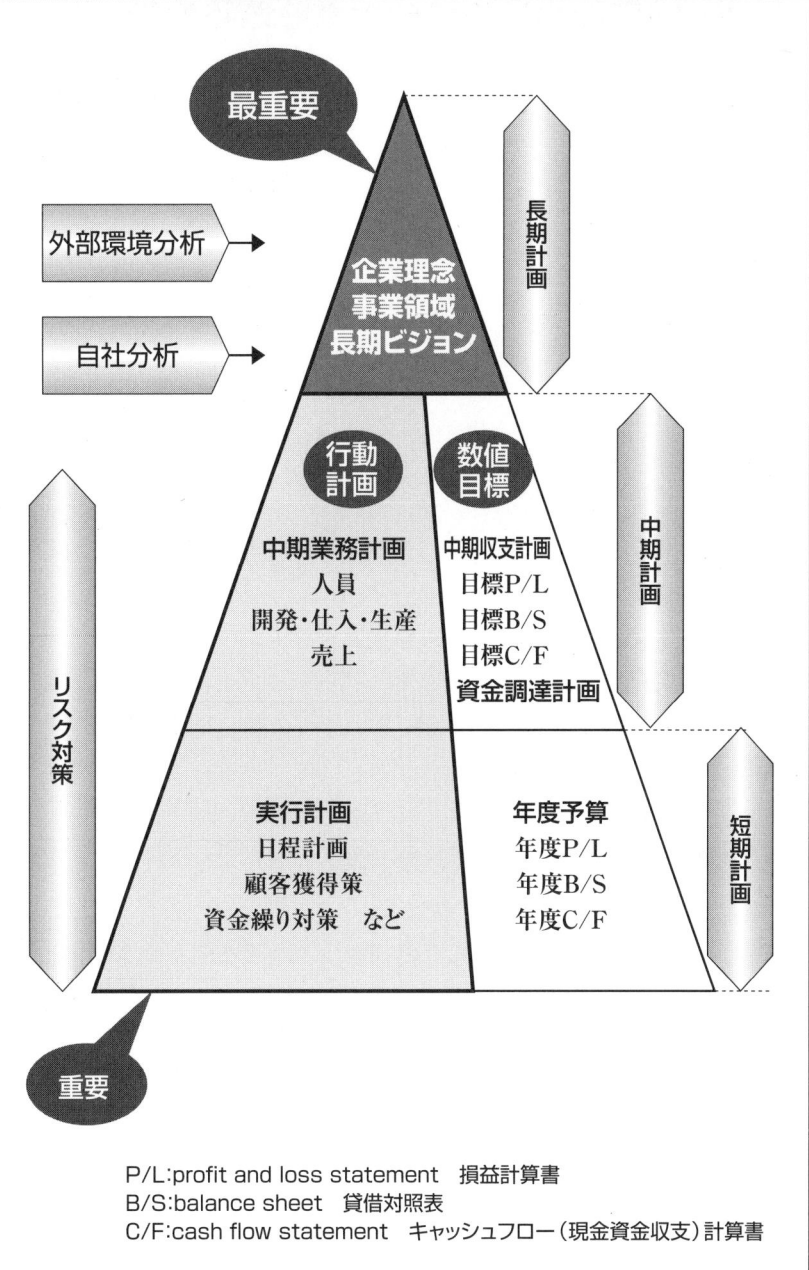

4 何のために事業計画書を作るのか

　起業時に事業計画書を作る主な目的は次の通りです。
①**事業として成り立つのかを検証するため**
②**第三者に説明するため**
③**出資、融資を受けるため**
④**取引先との信用醸成のため**
⑤**失敗を次に生かすため**
　そして何よりも、
⑥**成功するため！**
　起業に際して事業計画を作ると次のような効果が期待でき、成功の確率も高くなります。
①**知恵出し**：3人寄れば文殊の知恵、皆で考えれば良い知恵が出る。
②**目標の共有化**：社内外とのコミュニケーションに非常に意味が大きい。
③**実現時期の早期化**：目標に向けて努力すれば達成は早まる。
④**成果の拡大**：長期的・戦略的に考えたほうが成果はより拡大する。
　起業時には、様々な種類の事業計画書の作成が必要です。そして、起業する業種業態によって必要な事業計画書も異なってきます。右の表を参考に何が必要かを検討してください。
　事業計画全体を1枚にまとめた総括表は、業種業態や企業規模に関わらず必ず作成してください。一例として、国民生活金融公庫の「開業計画書」をその記入例、および本書での説明個所と共に18、19ページに紹介しますので参照してください。
　総括表に添付する各種フォーマットも極力多く作ることをお薦めします。企業理念やビジョン、売上計画は、どんな業種業態であっても必要でしょう。目標P/L、B/S、C/Fも必須です。開発主体型の起業を考える場合には、リスク対策も欠かせません。

起業に必要な事業計画書

	目的			規模			業種				フォーマットナンバー	本文ページ
	成功検証	顧客獲得	投融資依頼	個人事業	小規模法人	中規模法人	士業・コンサル	仕入・販売型	生産・販売型	開発主体型		
事業計画書総括表（表紙）	◎	◎	◎	◎	◎	◎	◎	◎	◎	◎	1	18
企業理念	◎	◎	◎	◎	◎	◎	◎	◎	◎	◎	3	26
外部環境分析	◎	◎	◎	△	◎	◎	◎	◎	◎	◎	4	28
自社分析	△	△	○	△	△	○	△	△	○	○	6	40
事業領域	◎	◎	◎	◎	◎	◎	◎	◎	◎	◎	8	44
長期ビジョン	◎	◎	◎	◎	◎	◎	◎	◎	◎	◎	9	46
中期業務計画（人員計画）	△	△	◎	×	△	◎	○	◎	◎	◎	10&11	50-53
中期業務計画（開発計画）	△	△	◎	△	△	◎	△	△	△	◎	──	56
中期業務計画（仕入計画）	△	△	◎	△	○	◎	△	◎	○	◎	13	58
中期業務計画（生産計画）	△	△	◎	△	△	◎	×	×	◎	×	14	60
中期業務計画（売上計画）	◎	◎	◎	◎	◎	◎	◎	◎	◎	◎	16	72-75
中期収支計画（P/L,B/S,C/F）	◎	◎	◎	◎	◎	◎	◎	◎	◎	◎	17-19	78-95
資金調達計画	△	△	◎	△	△	◎	△	△	△	◎	20	98
実行計画	○	◎	○	△	○	◎	○	○	○	○	21&22	114-141
年度予算（P/L,B/S,C/F）＊	◎	◎	◎	◎	◎	◎	◎	◎	◎	◎	17-19	78-95
資金繰り対策	△	△	◎	△	△	◎	△	△	△	◎	23	142
リスク対策	△	△	◎	△	△	◎	△	△	△	○	25	178

◎：必須　○：原則必要　△：業種業態により必要　×：不要
＊中期収支計画の１年目部分が年度予算となる

フォーマット１　事業計画書総括表

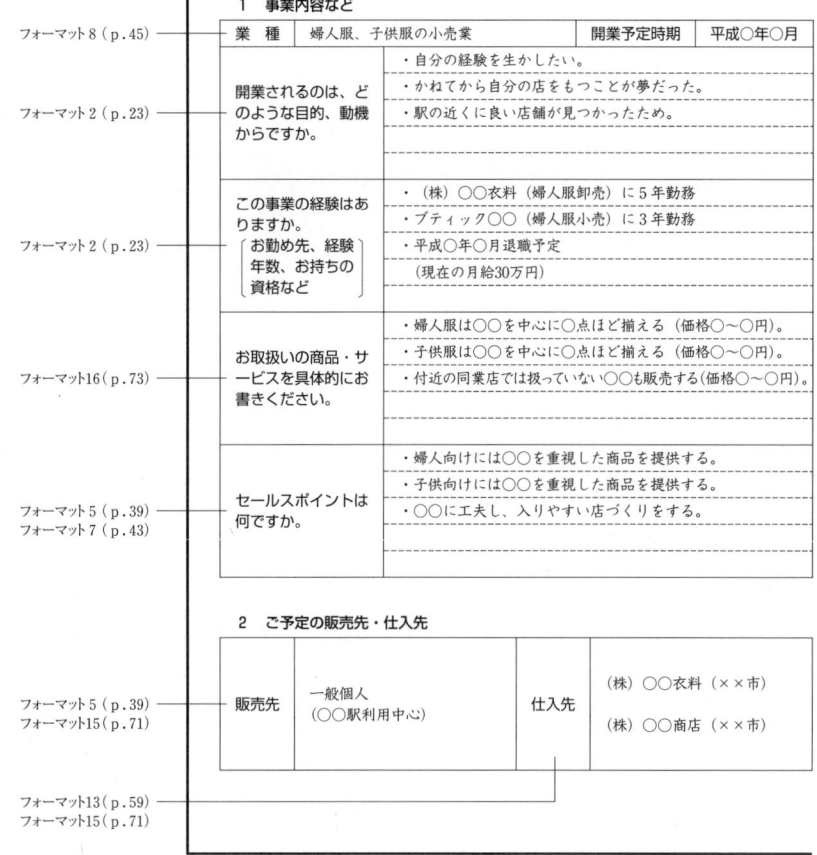

〔平成 ○ 年 ○ 月 ○ 日作成〕

→ フォーマット17（p.80）
→ フォーマット18（p.86）
→ フォーマット19（p.95）

3　必要な資金と調達の方法

必要な資金		金　額	調達の方法	金　額
設備資金	店舗、工場、機械、備品、車両など	1,200万円	自己資金	600万円
	（内訳） ・内装工事費 　（○○社見積のとおり） ・保証金 ・備品類 　（○○社見積のとおり） ・商品棚 　（○○社見積のとおり）	700 200 200 100	親、兄弟、知人、友人等からの借入 （内訳・返済方法） ・父より借入 　2万円×100回（無利息）	200万円 200
			国民生活金融公庫からの借入 元金6万円×100回 　　　　（年○.○％）	600万円
運転資金	商品仕入、経費支払資金など	400万円	他の金融機関等からの借入 （内訳・返済方法） ・○○銀行より借入 　元金4万円×50回 　　　　（年○.○％）	200万円 200
	（内訳） ・仕入など	400		
合　計		1,600万円	合　計	1,600万円

→ フォーマット20（p.99）

4　開業後の見通し（月平均）

		開業当初	軌道に乗った後（○年○月頃）	売上高、売上原価（仕入高）、経費を計算された根拠をご記入ください。
売上高①		195万円	234万円	（開業当初） ①平均単価7,500円、購入客1日10人、月26日営業 　7,500円×10人×26日＝195万円 ②原価率　60％ 　195万円×0.6＝117万円 ③人件費アルバイト1人、時給800円 　延べ6カ月 　800円×6時間×26日＝12万円 家賃15万円 支払利息（内訳） 　600万円×年○.○％÷12カ月＝○万円 　200万円×年○.○％÷12カ月＝○万円 　　　　　　　　　　　　　計2万円 その他リース料、光熱費、通信費計11万円 （軌道に乗った後） ①開業時の1.2倍は可能（勤務時の経験から） ②当初の原価率を採用 ③売上の増加に伴い人件費3万円、その他諸経費5万円増加
売上原価②（仕入高）		117万円	140万円	
経費	人件費（注）	12万円	15万円	
	家　賃	15万円	15万円	
	支払利息	2万円	2万円	
	その他	11万円	16万円	
	合　計③	40万円	48万円	
利益①－②－③		38万円	46万円	（注）個人営業の場合、事業主の分は含めません。

→ フォーマット16（p.73）
→ フォーマット10（p.51）
→ フォーマット17（p.80）

ほかに参考となる資料がございましたら、計画書に添えてご提出ください。（国民生活金融公庫）

（182、183ページにフォーマット掲載）

第1章▷なぜ事業計画を立てるのか　19

参考資料　国民生活金融公庫　借入申込書（記入例）

借入申込書【記入例】
（普通貸付・特別貸付・生活衛生貸付用）

国民生活金融公庫

受付月日	
受付番号	

申込人（法人）名（フリガナ：コウガワ タロウ）：甲川太郎　㊞

代表者名（法人営業の方）：

申込人または代表者の 性別：男・女　生年月日：明・大・㊐ 20年 6月 1日

商号（屋号）：甲川商店

お申込金額：500万円

お借入希望日：4月25日

ご希望の返済期間：5年

資金のお使いみち：運転資金 200万円　設備資金 300万円
（該当する項目に○印をつけてください）
① 商品、材料仕入　　店舗・工場
② 買掛、手形決済　　土地
③ 諸経費支払　　　　機械設備
④ その他　　　　　　車両
　　　　　　　　　　　その他

当公庫とのお取引：最新のお取引番号　有（　　　　）・㊋

本店所在地：〒100-0004　☎(03)-(3270)-(1361)
（フリガナ：チヨダク オオテマチ）千代田区大手町1-9-3
本店所在地の不動産 所有・㊥　号室

営業所所在地：〒□□□-□□□□　☎(　)-(　)-(　)
同上

ご住所：〒160-0023　☎(03)-(3342)-(4171)
（フリガナ：シンジュクク ニシシンジュク）新宿区西新宿1-14-9
ビル・マンション名：西新宿ハイツ301号室
住所地の不動産 所有・㊛

ご連絡先としてご希望の方にご記入ください。
携帯電話：(090)-(1234)-(XXXX)
FAX・㊋自宅：(03)-(3270)-(XXXX)
メールアドレス：XXXX@kokukin.ne.jp

開業年月：明・大・㊐50年4月　㊎・開業予定

業種：菓子製造業（卸）
従業員数：4人

家族構成：

続柄	お名前	年令	ご職業、学年
妻	甲川 和子	50	家業
長男	〃 一夫	28	〃
長女	〃 小夜子	24	専門学校
二男	〃 二郎	22	大学4年

予定連帯保証人（担保を提供していただく場合は、ご記入は不要です※。）
※ 担保を提供していただく場合であっても、ご相談の結果、連帯保証人をお願いすることがあります。

お名前（フリガナ：オツカワ ジロウ）：乙川次郎
明・大・㊐22年8月1日生
お申込人とのご関係：取引先

ご住所：〒190-0022　(042)-(524)-(4191)
（フリガナ：タチカワシ ニシキチョウ）立川市錦町1-9-5
ビル・マンション名：錦町マンション403号室
住所地の不動産 所有・㊛

職業

個人事業主または法人代表者の方：
営業所所在地：〒181-0013　(0422)-(43)-(1151)
三鷹市下連雀3-26-9
ビル・マンション名：
所有・㊛ 号室
商号（法人名）：（株）乙川商店（フリガナ：オツカワショウテン）
業種：食料品小売業　月商：900万円　営業年数：15年
資本金：1000万円　従業員数：5人　役員報酬：800万円

お勤めの方：
お勤め先の会社名：
〒　　-　　　(　)-(　)-(　)
所属部課：　役職名：　勤務年数：　年収：　万円
資本金：　万円　従業員数：　人

当公庫との取引：最新のお取引番号 01-11111・㊋
お取引金融機関：○○ 信用金庫/信用組合 三鷹支店

予定連帯保証人欄のご記入について
1 連帯保証人となるご予定の方について、ご本人の了解を得たうえでご記入ください。
2 法人のお申込の場合には、法人の代表者の方も連帯保証人になっていただきますが、法人代表者以外の方についてご記入ください。
3 ご融資時に保証契約を結んでいただきます。

添付書類については裏面をご覧ください。

借入申込・調査には手数料・調査料等は一切必要ありません。
お申込について疑問の点がございましたら、係までご照会ください。

第2章 事業計画の根幹を固める

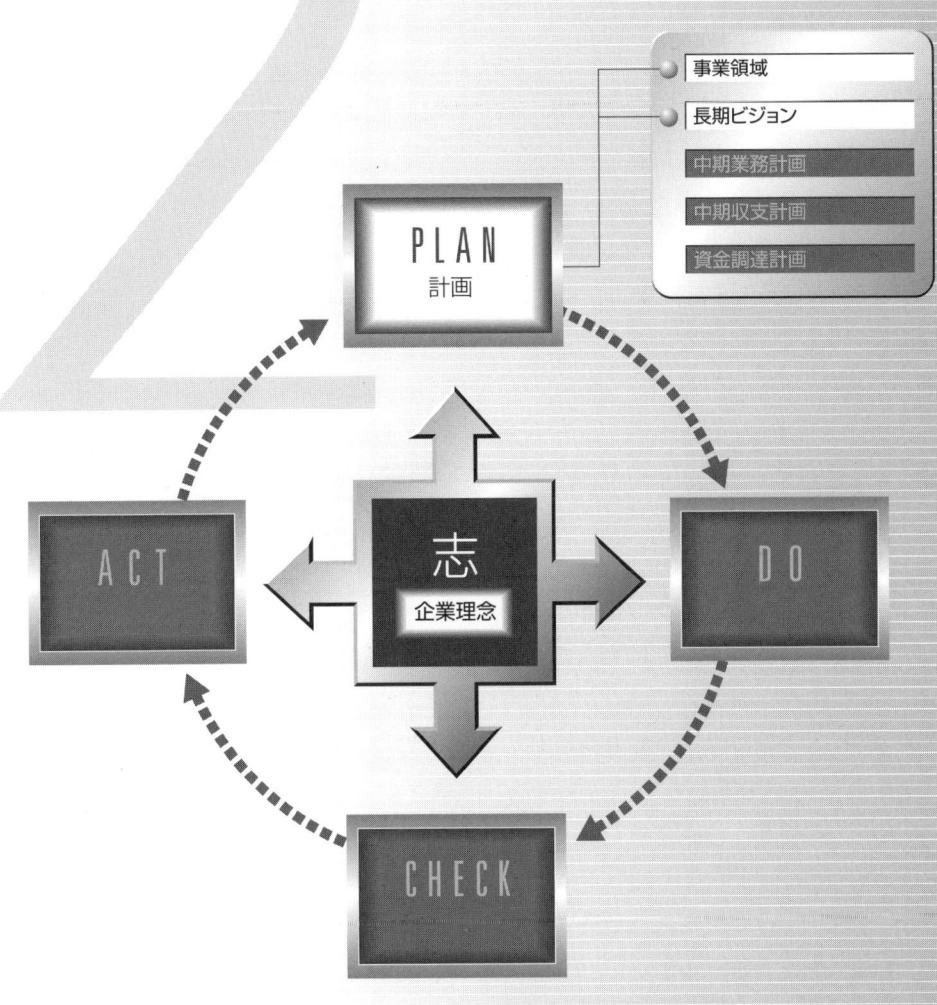

1 自分の強みを「磨く」

　起業にあたって重要なのは、まず起業家自身が「自分を知る」ということです。

　右の図表のチェック項目は、起業に有利と思われる20の能力です。人間力、経営能力、資金力など、自分の強みと弱みをチェックしてみてください。その他、自分の考えている新事業に関係しそうな項目を多方面から洗い上げ、図表に追記してみてください。

　自分の強みと弱みを認識し、「強みを生かして新たな事業を起こせないか」「弱みは他で補えないか」を考えることが、起業検討の出発点になります。

　例えば、右の例のように、あなたが「プラス志向」の強い人ならば、まずは起業に必要な大切な要件を満たしていると言って良いでしょう。コミュニケーション力もすべての面で重視される基本的な資質です。あなたがリーダーシップや人事管理に長けていれば、新組織をうまく引っ張って行くことが可能です。商品開発力に優れていれば、新事業成功の確率は非常に高くなります。

　もっとも、すべてに秀でた人間などそうそういるわけではありません。経理能力や営業力に欠けていたり、システム能力に乏しいといった起業家もよく見ますが、これらは他の仲間や外部の力で補うことが可能です。

　「資金が集まらない」と嘆く人は、まず自分自身のどこかに問題があることに気づくべきでしょう。魅力溢れる人間や優れた商品開発者の周りには自ずと資金も支援者も集まってくるものです。

　起業は自分の強みを認識し、それを「磨く」ことから始まります。宝石は磨くほどに価値を増し、必ず高い評価を得ることができます。

フォーマット2　自分の強み・弱みチェック表

分類	項目	強み	弱み	備考
人間力	プラス志向	✓		（下表でNOが6個以上あり）
	コミュニケーション力	✓		（起業について周囲の人や身内の理解を得ている）
	リーダーシップ	✓		（管理者として部下統率の経験○○年）
	モラル	✓		（順法精神がモットー）
資質	資格	✓		（○○資格、△△資格　あり）
	特技	✓		（起業に関わる△△の特技あり）
	語学	✓		（英検1級）
経営能力	経理・財務能力		✓	（財務3表は作ったことがない）
	人事管理力	✓		（人事管理の経験○○年）
	グローバル志向	✓		（海外△カ国に○○年駐在の経験あり）
	人的ネットワーク	✓		（○○業界に人脈多数）
商品開発力	開発意欲	✓		（使命感に突き動かされ事業アイデアを検討中）
	企画力	✓		（企画部門の経験○○年）
	技術力	✓		（起業に関わる特許を△件取得ずみ）
営業力	顧客開拓力		✓	（市場調査・顧客開拓未着手）
	販促力		✓	（販促未経験）
システム力	システム企画・開発力		✓	（ホームページ企画・開発経験なし）
	運用力		✓	（ホームページ運用経験なし）
資金力	自己資金		✓	（起業したいが自己資金が不足）
	外部資金		✓	（資金が集まらない）
その他				（思い当たるものを追記してください）
				（　　　　　　　　　　　　　　）
				（　　　　　　　　　　　　　　）
				（　　　　　　　　　　　　　　）
				（　　　　　　　　　　　　　　）

※上記「プラス志向」に関する質問です。YES、NOで答えてください。

	YES	NO
・知人に飲み会に誘われたらいったんは断る		✓
・街で知り合いに会うことはめったにない		✓
・人の名前を覚えるのが苦手でなかば諦めている	✓	
・上司に難しい仕事を打診されたら拒否したい		✓
・新しい仕事をするときは、まず障害要因を先に考える		✓
・未経験の仕事は極力避ける		✓
・成功よりも失敗イメージをまず考えるようにしている		✓
・クレームがきた顧客との商売は控えるようにしている	✓	
・失敗すると当分は立ち上がれない性格だ		✓

NOが多いほどあなたはプラス志向の人です。

（184ページにフォーマット掲載）

2　自分の「夢」と「強み」を結びつけ、起業を志す

　上場するような大企業にまで成長・発展を遂げた企業の創業者に共通しているのが、「夢」や「志」を早くからしっかりと持っていたという点です。

　立志伝中の起業家に限らず、誰にでも「夢」はあるはずです。自分の会社を創りたい、自分の店を持ちたい、世界一のオートバイを作りたい、自分の手で自動車を作りたい、子供たちに夢を与える教育関係の仕事をしたい、食を通じて社会のためになる仕事をしたい、美味しいワインを提供して喜んでもらいたい、美味しい肉を安い価格で食べてもらいたい……。こうした「夢」を持ち続け、それを育て、具体的にビジネスに結びつけていくことが起業へのステップとなります。

　早くから自分の「夢」を持ち、それを紙に書き、壁にはって毎日眺め、ついにはその夢を実現した起業家もいます。「こうなりたい」と強く思い、それを育てていくとその「夢」は熟して次第に具体性を帯び、「志」となります。「志」とは「心に立てた信念」のことです。自分の強みを生かし、世のため人のために役立つ仕事をしたいとの思いを結実させたものが「志」です。

　私は常々「志」とは「士の心」のことだと説明しています。「士」とは「庶（多くの仲間）」に対する言葉で、指導者・リーダー・トップの意であり、リーダーとして「庶」の先頭に立ち、世のため人のためになる仕事の実現をめざす信念こそが「志」なのです。

　自分の「夢」と「強み」を結びつけ、これぞ「天職」と言えるようなビジネスを見つけ、実行できるような「志」を立ててください。志を持って起業したか否かで、その後の周囲の協力者、社員の共感獲得、参加度も変わります。起業当初の苦しい時期を乗り越え、大きく羽ばたくことができるかは、志の有無によるのです。

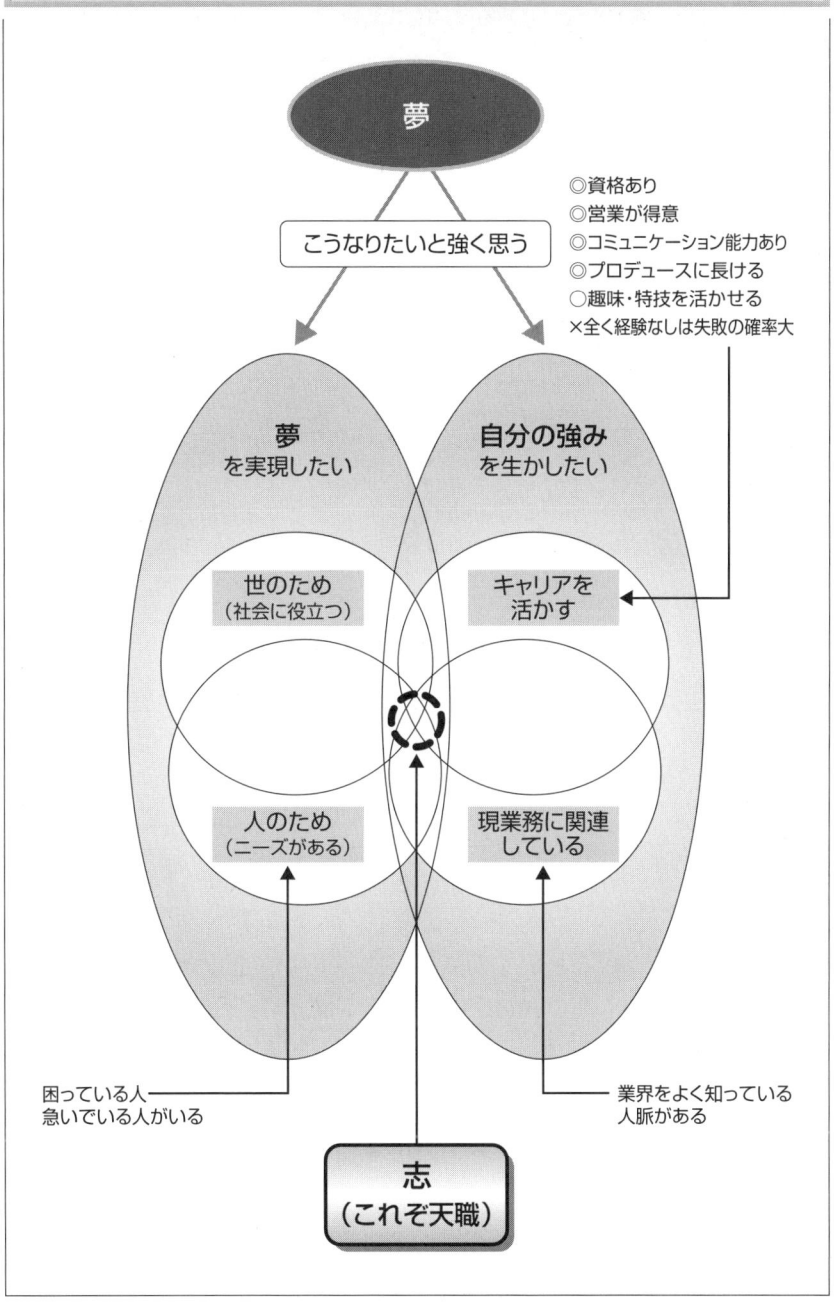

3 企業理念を固める

　創業者・起業家の「夢」「志」を「企業の志」といった形で表したものが「企業理念」です。企業理念の語源は、英語の Corporate Principle。企業の原理、行動指針、信条の意です。企業理念は、通常次の3つで表されるケースが多く、バランスも良いようです。
①**企業使命**→社会に提供する価値、社会への貢献のあり方
②**経営姿勢**→経営上重視すること、基本姿勢
③**行動規範**→経営者・社員の心得、社員の考え方、行動のあり方
　もちろん、3つすべてある必要はありませんし、似た概念の「社是・社訓」という形で定めている企業もあります。
　企業理念の策定にあたっては、自社の業種業態に近い企業のホームページを多く見て、それらの企業理念も参考にしながら、自社の理念を考えると策定しやすいかもしれません。ただし、一旦策定した企業理念は10年以上の永きにわたって自社の方向を定める重要なものですから、周囲の意見も入れながらしっかりと固めてください。
　注意して欲しいのは、「お金を儲ける」というのは企業理念ではないということです。儲けることは、企業理念を実現するための単なる一手段にしか過ぎません。「とりあえず売上があがればいい」などの考えも志や企業理念とはほど遠いものです。この程度の考えで起業したのでは、苦しい局面に遭遇したときに、組織が持ち堪えられないでしょう。
　企業理念を名刺に印刷して関係者に開示することで、自らを律している人もいます。外部に堂々と示せるような企業理念を設定できれば、それを顧客や関係先に繰り返し説明する度に、その理念はますます確固たるものになっていきます。
　優れた企業は、経営者から社員1人ひとりに至るまで企業理念を共有し、世のため人のためにまい進すべく弛まぬ努力を重ねています。

フォーマット3　企業理念設定シート

志

↓

企業理念の設定

①企業使命 社会に提供する価値	②経営姿勢 経営上重視すること	③行動規範 経営者・社員の心得
・お客様に出会いとふれあいの場と安らぎの空間を提供する（T社） ・いつでも、どこでも、誰でも着られる高品質のカジュアルを市場最低価格で継続的に提供する（U社） ・お客様に最高の満足をもたらします。生き生きとした対話から、求められている商品・サービスを発見し、いち早く提供します。お客様の便利な生活と地域社会の発展に貢献します（L社） ・「食文化」をより魅力あふれるものにし、人生をもっと豊かにするお手伝いをしたいと望んでいます（N社）	・オープンでフェアな企業活動を通じて、国際社会から信頼される企業をめざす（T社） ・あらゆる企業活動を通じて、住みよい地球と豊かな社会づくりに取り組む（T社） ・○○をコア事業として、経営資源をこの分野に集中し、名実ともに業界のトップシェアとし、徹底的に強化育成する（U社） ・製品の品質と安全性は最重要事項であると認識し、管理対策を実施しています（N社） ・○○に焦点をあてて常に研究開発を行っています。（中略）今後とも世界のあらゆる革新技術を持った企業との積極的な提携を戦略のひとつとして、あくまでもオープンアーキテクチャのもとに製品開発を進めていきます。（K社）	・個人の創造力とチームワークの強みを最大限に高める企業風土をつくる（T社） ・人が喜んで働ける環境を提供し、血のかよったチームとして革新的な仕事をする（U社） ・全社員が地球市民、企業市民であるという理念の基に、人にやさしい企業、地球にやさしい企業、グローバルに継続的な発展を目指す（R社） ・健やかな地球人、有益な社会人をめざします。自然環境との共生、地域社会への貢献、社会ルールの遵守に努めます（L社）

（事例は各社HPより）

（185ページにフォーマット掲載）

第2章▷事業計画の根幹を固める　●　27

4 マクロ・ミクロ分析で世の中の動きを知る

　事業成功のポイントはいかに的確に「世の中の動きをとらえる」か、「顧客の心をつかむ」かにかかっています。その意味で、外部環境分析は重要です。きちんと外部環境を調べたかどうか、顧客の希望を聞いたかどうかが起業の成否を左右すると言っても過言ではありません。

　マクロ、ミクロ双方のどこまで分析範囲を広げて行うかをある程度決めてから調査を行います。必要なデータを見つけるには、インターネットが便利です。政府機関のホームページには様々な統計データが掲載されていますし、検索エンジンでキーワード検索を行っても目的のデータを得ることができると思います。

◆**マクロ分析**：政治・経済、社会、技術の観点から整理し、その変化が自社に与えるチャンスと脅威を検討します。例えば、海外から商品を輸入し、国内で販売する事業では、為替相場の変動に注意が必要です。

◆**ミクロ分析**：市場の変化が自社に与えるチャンスと脅威を検討します。特に、顧客の動向と仕入先の動向は自社のビジネスに直接影響しますので時間をかけて調査してください。

　事業計画を作る際に、起業家の努力が一番欠けているのが市場調査です。私が事業計画をヒアリングする際に必ず聞くのが、「それは、100人に聞きましたか？」「そのことは10人のお客様や仕入先に賛同を得られそうですか？」という2つの質問です。

　「100人」とか「10人」という数字に何か根拠があるわけではありませんが、起業前にそれくらいの人たちを対象に直接市場調査をやっていれば、その起業の成功確率が高いということは言えます。

　机上の空論で事業計画を作るのではなく、現場を自分で歩いて肌で感じた体験をもとに事業計画を作ることが重要なのです。

フォーマット4　外部環境分析シート

◆マクロ分析

	項目	現状	今後の動向	チャンス	脅威
政経	・法と規制 ・政策 ・個人消費	商法改正・規制緩和	規制緩和加速	顧客数はさらに拡大	ビジネスモデル変更
社会	・生活スタイル ・消費スタイル ・人口動態	団塊の世代が市場に参入	豊かな高齢者増加	顧客の質も向上	同業者参入
技術	・新技術 ・新素材 ・新システム	ブロードバンド	eラーニング加速	業界にとって追い風	現技術の陳腐化

◆ミクロ分析

	項目	現状	今後の動向	チャンス	脅威
顧客	◎ 顧客の動向 ・新商品 ・代替商品	顧客数拡大	中年・若年層に拡大	他業務とシナジー効果	現顧客の離脱
仕入・生産	◎ 仕入先動向 ・業界構造 ・原材料	仕入先が狭い	仕入先再編	他業務とシナジー効果	現ノウハウの陳腐化
販売	◎ 競合他社 ・物流 ・販促手法	拡大方向	価格低廉化	PR効果につながる	価格競争に突入

（186ページにフォーマット掲載）

5 これから伸びる事業分野は何か

　起業しようとする人の話を聞くと、大半の人はすでにどの事業をやるかおよそ決めています。しかし、中には「起業したい。ただ何をやるかはまだハッキリ決まっていません」という人もいます。
　このようにどの事業分野で起業するかを具体的に決めていない人は、これからどういう事業分野が有望かを考えることも1つの方法です。
　例えば、国が後押しするような事業分野は、少なくとも今後10年は有望です。経済産業省が2004年に策定した新産業創造戦略では、右図のように情報家電、燃料電池、ロボット、コンテンツなど7分野を取り上げ、市場規模、目標年限を明示しています。同じく地域再生の産業分野として、地域を基盤とした先端産業、ものづくり産業、地域サービス産業、食品産業の4分野を定め、新たな展開へ向けた環境づくりに着手しています。
　これから伸びる分野は"フカケツ"（福祉、環境、健康、通信）だと言う人もいます。世の中の動きを見据えて、先手先手を考えるとまだまだたくさんの宝の山が見えてくるはずです。これから伸びることが予想される事業分野の「周辺」ビジネスも有望です。特に、情報通信の中でも携帯電話の関連ビジネスは市場が急速に拡大しています。
　ただし、これから伸びる事業分野とあなたが成功する事業分野が必ずしも一致するとは限りません。むしろ誰も見向きもしない事業分野に宝の山が隠れている可能性もあります。あくまで自社の強みを磨き、その強みを活かすことが最重要です。
　自社のコアコンピタンスをどこに置くか、自社の弱みを他社とのアライアンス（戦略的提携）でどのようにしてカバーするか、様々に戦略を練ってみてください。

これから伸びる事業分野

◆経済産業省の新産業創造戦略7分野

	現状		2010年	（単位：兆円）
情報家電	10	（2003年）	18	
燃料電池	0		1	
ロボット	0.5	（2003年）	1.8	
コンテンツ	11.3	（2001年）	16.5	
健康・福祉	56	（2002年）	75	
環境・エネルギー	52	（2001年）	78	
ビジネス支援サービス	76	（2000年）	107	

◆今後成長が見込める分野

事業ジャンル	期待される分野
流通物流	宅配、3PL
情報通信	携帯ビジネス、モバイル、デジタル家電、コンテンツ
医療福祉	シニアビジネス、介護、健康・医療ビジネス
生活文化	ネット販売、ゲーム、癒し、安全・防犯ビジネス
新製造技術	新素材、ナノテク
環境	リサイクル、有害物質対策
ビジネス支援	起業家支援ビジネス、代行ビジネス、セールスレップ
都市環境	PFI（民間資本活用）、ITS（高度道路交通システム）
バイオ	ヒトゲノム、広義のバイオの規模は25兆円に
航空宇宙	
海洋	海洋深層水
新エネ・省エネ	風力発電、太陽電池、燃料電池、廃棄物発電
人材	人材派遣、教育
住宅	ガーデニング、リフォーム、高齢者対応住宅
国際化	中国ビジネス

◆現在ヒットしている商品

- 新三種の神器（①液晶やPDPなどの薄型テレビ、②DVD、③デジカメ）
- 第三世代携帯
- エコカー
- 介護商品・介護サービス
- インターネット関連

6 起業家ならまずニッチを狙え

　これから伸びる事業分野で起業しようとするのも有望な選択肢の1つですが、逆に誰も手を出さないニッチ、つまり「隙間」の事業分野で起業を考えるのも賢い方法です。自社の「強み」がこうしたニッチ分野で生かせないか、検討してみる価値は十分にあるでしょう。

　右図はP・コトラーが分類定義した4つの競争分野ですが、この中で起業家が狙いやすいのは、やはり「ニッチャー」です。ニッチャーからチャレンジャーへ、そしてリーダーへとステップアップしていく作戦が一般的です。

◆ニッチャー

　隙間市場（特異顧客、独自商品）を狙い、勝負をかけます。市場を細分化（性別、年齢、所得、ライフスタイル、地域）し、その隙間市場で、他社が入り込まない顧客を獲得したり、特異顧客のニーズに合ったハードやソフトを提供する方策を取ります。大手企業は数十億円以上の市場でないと手が出しにくいので、特化した市場で時流に適応した一番になれる商品・サービスを探しましょう。

　実際に成功している起業の例としては、古書のネット販売、トイレ清掃事業、地域限定の宅配便、自転車便、小規模企業向け文具販売、個別指導学習塾などがあります。

◆リーダー

　大量生産・大量販売のできる大手企業ならではの戦略です。

◆チャレンジャー

　大手企業に次ぐ2、3番手の企業の戦略です。商品に独自性を持たせたり、価格面で優位性を模索する例が見受けられます。

◆フォロワー

　大手企業の後追いで経済性を追求するやり方です。

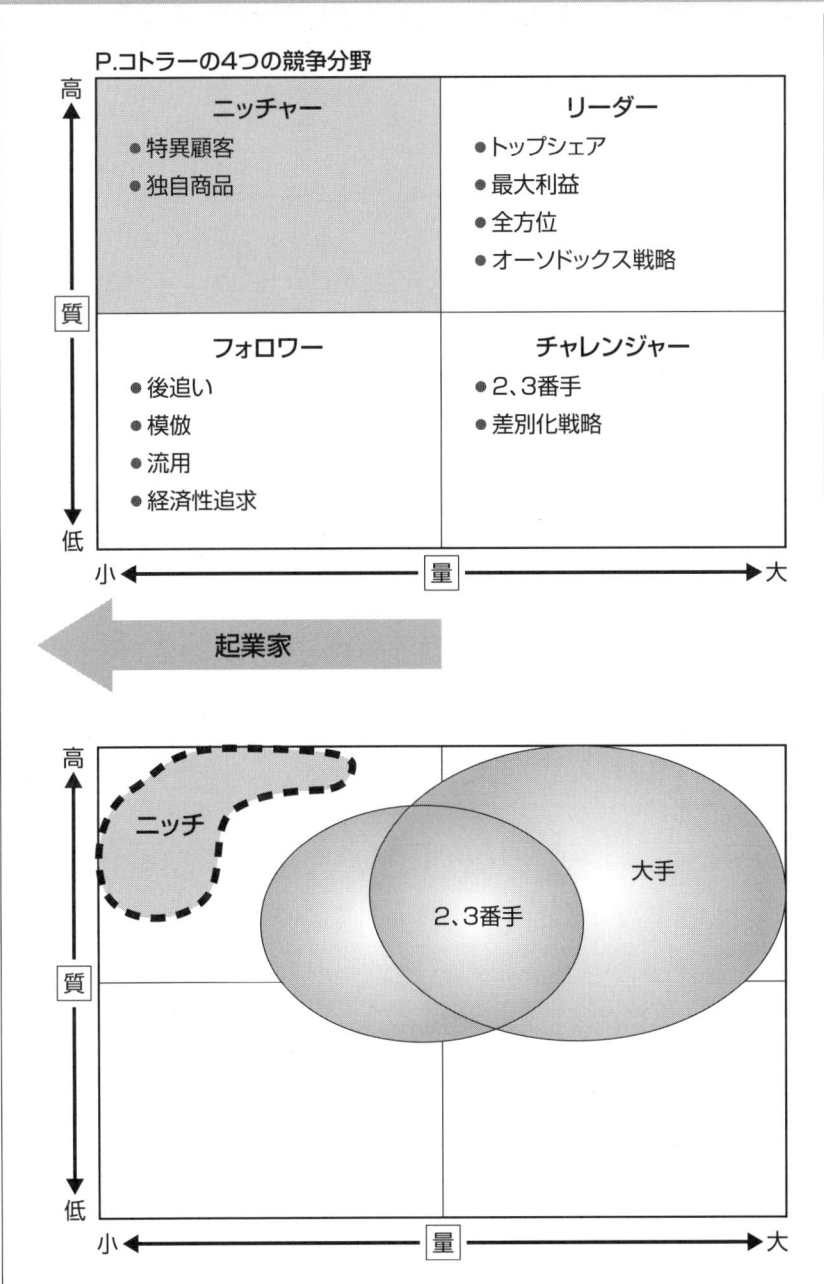

第2章 ▷ 事業計画の根幹を固める

7 市場を細分化してみる（セグメンテーション）

　商品を売ろうとする市場を極力細分化し、顧客の受けるベネフィット（恩恵）まで含めて考えるのが「セグメンテーション」と言われるステップです。言い換えれば、商品を「どこの誰に売るか」を検討し明確化するということです。

　セグメンテーションでは、市場の特徴を表現する要素を洗い出し、右図のようにその要素を縦軸、横軸で表して、自社の商品・サービスの顧客が図のどこに位置するのか、同質のニーズを持つ他のグループ（セグメント）はどこにいくつあるのかをプロットしていきます。

　右図は、起業支援ビジネスを例にして作ったセグメンテーションの一例です。このような検討マトリックスをいくつか作ることによって事業計画の検討は深みを増していきます。例では、横軸に在職・離職、縦軸に起業ニーズの高低を置き、起業家の置かれている状況から、「起業予備軍」「週末起業家」など8つのセグメントを設定しています。

　セグメントを細分化したら、次は各セグメントの顧客のイメージ（職業、居住地区、家族、人数、年齢、性別、収入、ニーズ、ライフスタイルなど）を仮説にしたがって明らかにしていきます。

　さらに、その各セグメントの顧客がなぜ自社の商品を買うのか、自社の商品を購入することによって得られるであろうベネフィットも想定していきます。

　ここでは、対象市場をなるべく細かく切り、自社の商品の対象セグメントを絞り込むことが大切です。なぜなら、セグメントの1つ1つが標的市場の候補になるからです。それらのセグメントが、自社の商品を提供するのに好適な有望市場か否か、その規模、購買力、ライフスタイルなどを検討してください。

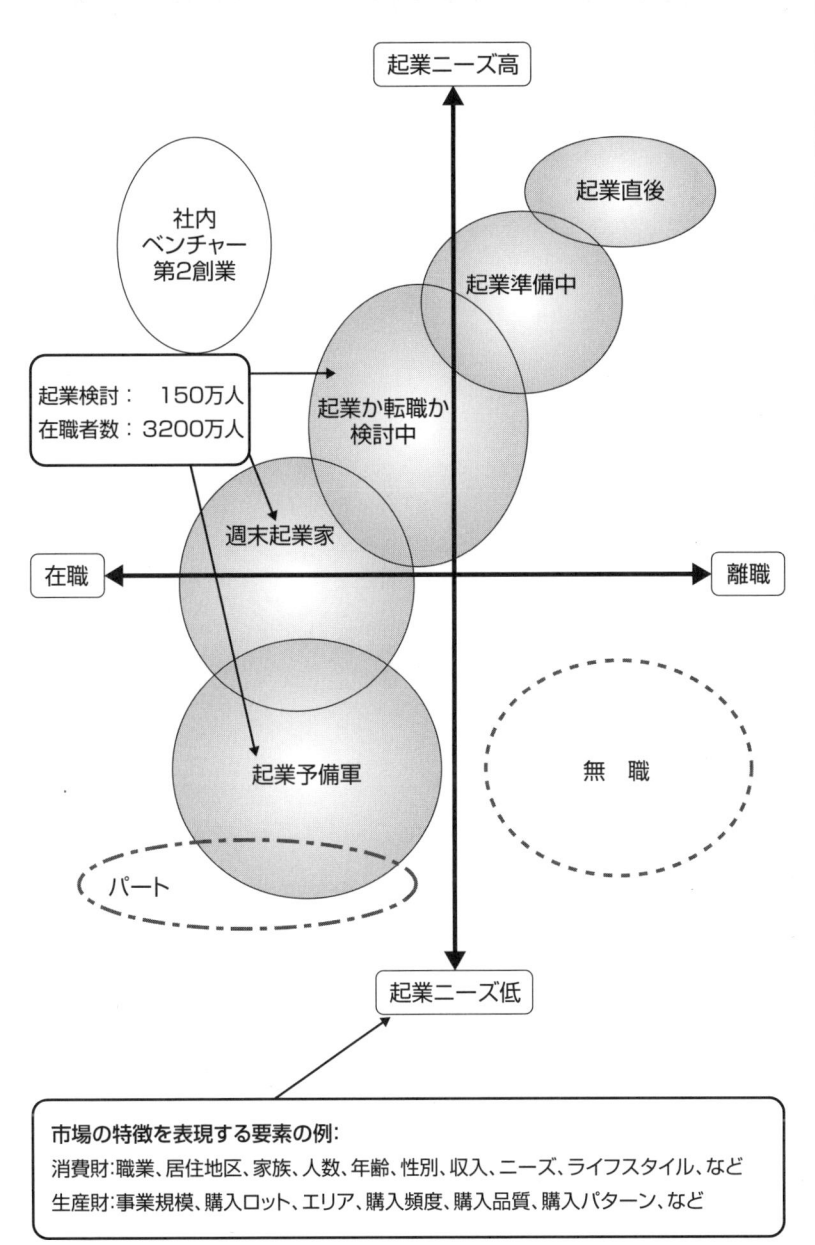

8 標的市場を選定する(ターゲティング)

セグメンテーション(市場細分化)を終えたら、次は各セグメントの中のどのセグメントを販売の標的にするか、セグメントの絞り込み・標的市場の選定を行います。これを「ターゲティング」と言います。

事業計画策定にあたっては、自社の強み弱みをよく見極めてターゲット市場を選定することが重要です。

標的市場を選ぶ際には、いくつかの選び方があります。ここではP・コトラーの3分類を紹介します。

①集中型

1つないし少数のセグメントに標的を絞り、1つの販促戦略(マーケティングミックス)に経営資源を集中投入する。絞り込んだ市場で高いシェアを狙う。起業家に適したターゲティング策。

起業支援ビジネスを例にすれば、第2創業支援に顧客を絞った専門セミナー、週末起業家育成をめざす専門セミナーなどが、この集中型に該当する。

②差別型

複数のセグメントを標的にし、それぞれに別々のマーケティングミックスを投入する。類似の複数商品を販売しようとするビジネスモデルの場合は、このタイプが考えられる。ただ、戦力が分散しないよう、自社の実力、経営資源をよく見極めた上で選択すべき方策。

③無差別型

個別のセグメントをターゲットとせず、各セグメントに共通する特性に着目し、全セグメントを単一のターゲットとしてとらえ、マーケティングミックスを投入する。あれもこれもと多くを狙うと「あぶはち取らず」に終わる恐れがある。

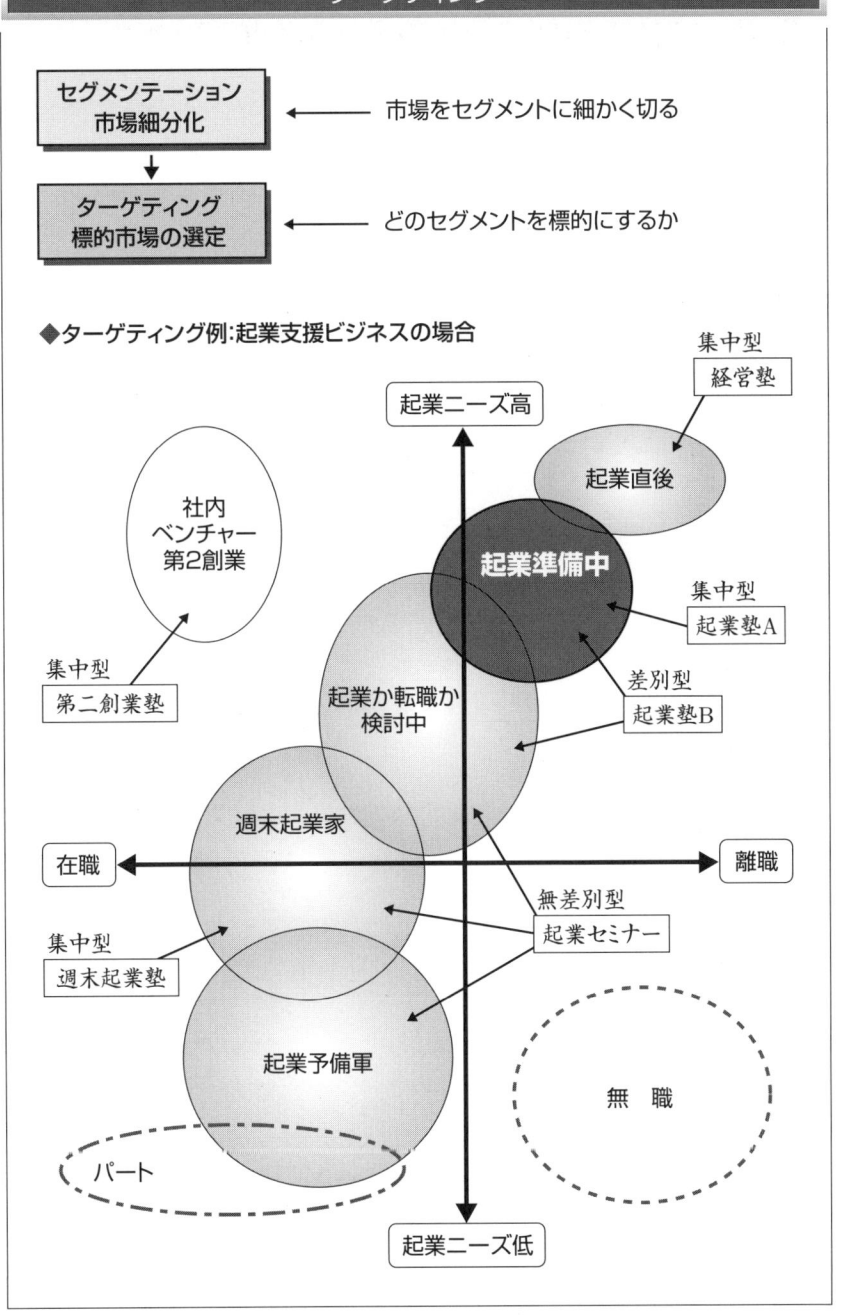

ターゲティング

セグメンテーション 市場細分化	← 市場をセグメントに細かく切る
↓	
ターゲティング 標的市場の選定	← どのセグメントを標的にするか

◆ターゲティング例：起業支援ビジネスの場合

- 起業ニーズ高 ↑
- 社内ベンチャー 第2創業 — 集中型 第二創業塾
- 起業直後 — 集中型 経営塾
- 起業準備中 — 集中型 起業塾A
- 起業か転職か検討中 — 差別型 起業塾B
- 週末起業家 — 集中型 週末起業塾
- 起業予備軍
- 在職 ←→ 離職
- 無差別型 起業セミナー
- パート
- 無職
- 起業ニーズ低 ↓

第2章 ▷ 事業計画の根幹を固める　37

9 自社の勝ち位置を決定する(ポジショニング)

　ターゲティングで絞り込んだセグメントの顧客に、どのような商品を提供すれば歓迎されるのかを考えます。

　自社の商品が市場において独自の勝ち位置を占めるように、商品の強みをさらに強くする勝ち位置を決めるのが「ポジショニング」です。多くの競合商品の中で顧客がなぜ自社の商品を選んで買ってくれるのか、明快な説得力ある答えを用意し、顧客に訴えるのです。

　このポジショニングは非常に重要なプロセスで、自社の商品のポジション(強み)を十分に検討し、戦略を立てることは事業計画を立てる上で最も重要なポイントとなります。

　競合商品の中で、自社商品の他社商品との際立った違い・優位性は何かを徹底して追求しましょう。商品の特性・価格・ベネフィットなど、顧客に訴えていくポイントを見出すことが必要です。

　例としては、「洗浄力の向上にこだわって売上がアップした食器洗い乾燥機」「節水効果をアピールしてヒットした食器洗い乾燥機」などがあります。

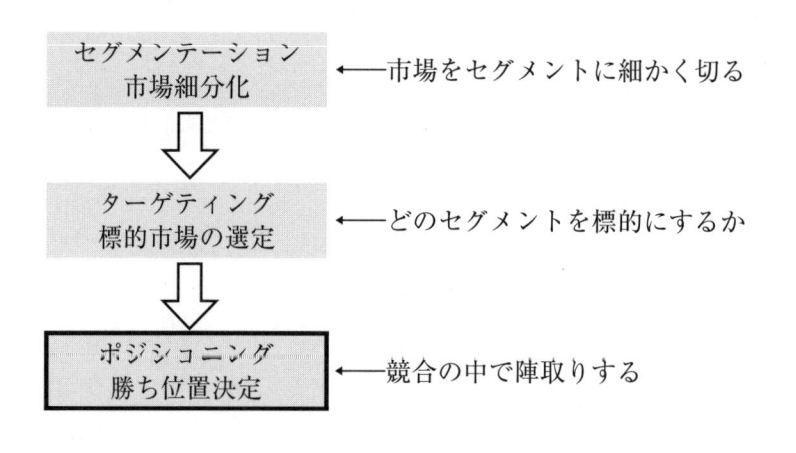

セグメンテーション 市場細分化	←市場をセグメントに細かく切る
↓	
ターゲティング 標的市場の選定	←どのセグメントを標的にするか
↓	
ポジショニング 勝ち位置決定	←競合の中で陣取りする

ポジショニング

◆ポジショニング例:起業支援ビジネスの場合

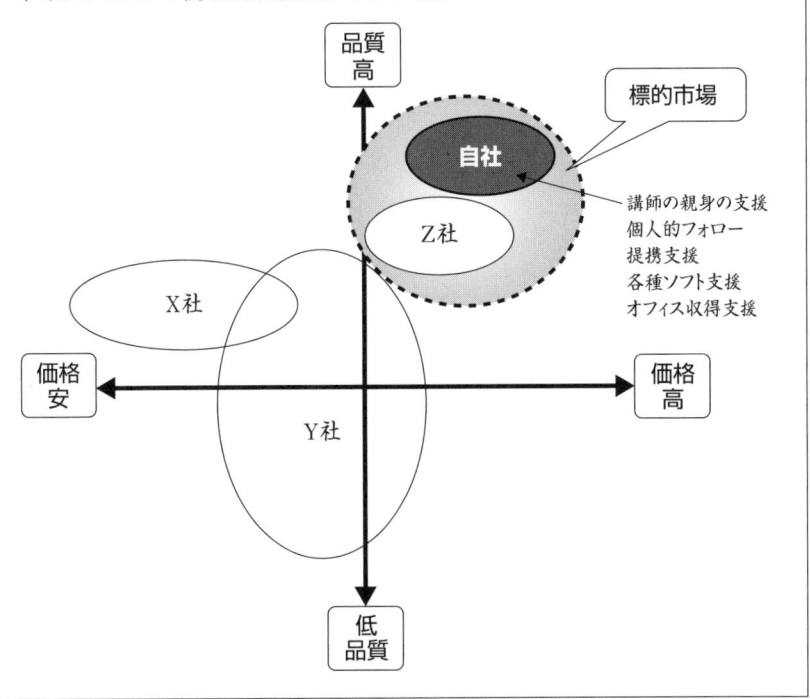

- 品質高
- 標的市場
- 自社
- Z社
- X社
- Y社
- 価格安
- 価格高
- 低品質

講師の親身の支援
個人的フォロー
提携支援
各種ソフト支援
オフィス収得支援

フォーマット5　自社商品・サービス勝ち位置決定シート

商品名

	セグメント	ターゲット顧客	ポジション（強み）	弱み
自社	地元 近郊	退職、退職間近 中高年	親身の支援 個人的フォロー	ブランドがない
他社X	全国	若年 中年	ブランドあり	実支援不足
他社Y	地元	すべて	ブランドあり	フォロー不足
他社Z	首都圏	退職、退職間近 中高年	ブランドあり	高価

（187ページにフォーマット掲載）

10 自社の経営資源を分析する

　これまでに外部環境の分析、セグメンテーション、ターゲティングなどを行ってきました。次は、自社の分析を行います。自社の経営資源の強み、弱みを明らかにし、強みをさらに強化し、弱みを補完するよう検討します。

　個人事業や役員だけの小規模な法人の場合は、まずは起業家自身が「自分を知る」ことがスタートになります。自分の強みが明確になったら、その強みをさらに伸ばす方法を考えます。逆に弱みを発見したら、ナンバー2（参謀）や外部コンサルタントで自分の弱みを補うことを考えてください。

　10人以上を組織したやや規模の大きな起業を考える場合は、自社が予定している経営資源（商品、営業力、生産力、組織、財務）の分析を行います。その手順は次の通りです。

①自社の経営資源・能力の体系化
　商品、営業力、生産力、組織、財務などに分類します。
②自社の経営資源・能力の現状把握
　インタビューを実施し、現状を把握します。
③今後の動向
　向こう3～5年の動向を予測するようにします。
④自社の強み・弱みの分析
　今後の動向に関わる自社の強み・弱みを明らかにします。

　この自社分析で抽出された課題と自社の強みを伸ばす方策を、事業計画の中に盛り込んでいくことが重要です。後述する事業成功の要因分析やBSC（バランススコアカード）管理と連動させることで、自社分析の結果が事業計画の実行につながるようにします。

フォーマット6　自社分析シート

項目		現　状	今後の動向	自社の強み	自社の弱み
商品	・特性 ・成長性 ・収益性	高品質	最高機能追加	他商品とシナジー効果	体制がない
開発	・技術 ・システム	特色なし	特色加味	協力先豊富	体制が弱い
生産	・技術 ・システム ・設備	効率上がらず	技術面の特色加味	これまでの技術蓄積	人材不足
営業	・販売策 ・システム ・チャネル	売上伸び悩み	競争さらに激化	他商品とシナジー効果	ブランド力がない
物流	・技術 ・システム ・設備	県内に特化	関東全域に拡大	交通の便に恵まれる	東京と距離あり
組織	・人材	不足	人材強化	他業務と連携が可能	人材不足
財務	・資金 ・経費	赤字	黒字化	他商品とシナジー効果	価格競争力が弱い

（188ページにフォーマット掲載）

11 事業が成功するカギは何か

　事業計画策定の過程で重要なステップの1つに事業成功の要因（Key Factors For Success＝K・F・S）の抽出・分析があります。

　K・F・Sは、前述した外部環境分析、セグメンテーション、ターゲティング、ポジショニングを行う過程で次第に明確になってきます。このK・F・Sを、現状、自社が持っている経営資源と比較し、事業成功の要因とのギャップを見出し、そのギャップを埋める解決策を検討します。

　まず、外部環境分析などから起業しようとしている事業の特性を把握します。例えば、「起業支援ビジネス」を始めようとしている場合、「起業層が中年層や若年層に拡大している」といったような顧客特性や、「インターネットを使ったeラーニングの動きが加速している」というような技術特性がわかったとします。これらの事業の特性を勘案したK・F・Sとして、「動画像・音声・双方向通信の技術を駆使した新しい形の起業セミナーの開講」が浮かび上がってきます。

　市場の現状を調べ、将来の変化の兆しを折り込んだK・F・Sとすることがカギになります。

　次に、抽出したK・F・Sと、自社分析の結果わかった自社が持っている経営資源とのギャップを把握し、そのギャップをどうしたら解消できるかを検討します。自社の経営資源の強化や不足部分を補う外部とのアライアンスなどが解決策として考えられます。必要なら、顧客セグメントのさらなる細分化、ターゲット顧客の絞り込み、投入する経営資源の集中化などを検討します。

　このようなK・F・Sの抽出とギャップの分析、解決策の検討を、商品ごと、顧客セグメントごとに行うことが必要です。このK・F・Sの分析と解決策の検討が、そのまま今後の事業計画策定の骨格となっていきます。

フォーマット7　事業成功要因分析シート

商品：　　　　　　　　　　　　顧客セグメント：

◆外部環境分析（マクロ分析）

	環境要因	今後の動向	チャンス	業界における事業成功要因
政経	・法と規制 ・金融政策	規制緩和加速	顧客数はさらに拡大	動画像・音声・双方向通信の技術を駆使した新しい形の起業セミナーの開講
社会	・生活スタイル ・消費スタイル	豊かな高齢者増加	顧客の質も向上	
技術	・新技術 ・新システム	eラーニング加速	業界にとって追風	

◆外部環境分析（ミクロ分析）

	環境要因	今後の動向	チャンス
顧客	・顧客の動向 ・新商品	中年・若年層に拡大	他業務とシナジー効果
生産	・仕入先動向 ・原材料・技術	仕入先再編	他業務とシナジー効果
販売	・競合他社 ・物流	価格低廉化	PR効果につながる

◆自社分析

	項目	今後の動向	自社の強み	自社の事業成功要因	ギャップ	将来へ向けての解決策
商品	・特性 ・成長性	最高機能追加	他商品とシナジー効果	従来商品に加え動画像・音声・双方向通信の技術を駆使した新しい形の起業セミナーを商品化する。	新技術のノウハウ不足 資金不足 体制不足	自社資源の強化及び不足部分の外部とのアライアンス
開発	・技術 ・システム	特色加味	協力先豊富			
生産	・技術 ・システム	技術面の特色加味	これまでの技術蓄積			
営業	・販売策 ・システム	競争さらに激化	他商品とシナジー効果			
物流	・技術 ・システム	関東全域に拡大	交通の便に恵まれる			
組織	・人材	人材強化	他業務と連携が可能			
財務	・資金 ・経費	黒字化	他商品とシナジー効果			

（189ページにフォーマット掲載）

12 事業の領域を決める

　企業理念の設定にはじまり、外部環境分析、自社分析、事業成功の要因分析などを行うことで、「誰に」「何を」「どのように」売るかの青写真がおよそ固まってきたことと思います。この起業の方向性をよりはっきりさせるため、事業領域・生存領域（Domain：ドメイン）の決定を行います。ドメインとは、分野・領域・範囲などの意味を持っており、企業のめざすべき方向、競争優位に立てる分野・領域を短いフレーズで端的に表現したものです。

　例えば、ファッション衣料の販売事業を「婦人向け衣料の販売」と表面的にとらえるのか、右図のように「地域の女性に、世界最先端のファッションを提供し、女性の美しさの追求と満足感の高揚に貢献する」とソフト重視でとらえるのかでは、事業の展開方法も対象顧客もかなり異なってきます。ドメインは、事業の発展のあり方、商品開発など事業の方向や、場合によっては広告のキャッチコピーなどにも影響を与えます。ドメインは次の3つの要素で表現するのが一般的です。

◆「誰に」：企業理念、外部環境分析、セグメンテーション、ターゲティングなどのキーコンセプトをもとに自社の顧客を定義し表現します。

◆「何を」：外部環境分析、ターゲティング、ポジショニング、事業成功の要因分析などの結果をもとに顧客にどのような価値を提供するのかを表します。

◆「どのように」：同じくこれまでの自社分析などの結果をもとに自社の独自能力・技術を生かして顧客にどのように価値を提供するのかを表現します。

　ドメインとは、事業のキーコンセプト、ゴールイメージとも言えるものです。このドメインを顧客に対して明確に情報発信していくことが重要です。

事業領域の決定

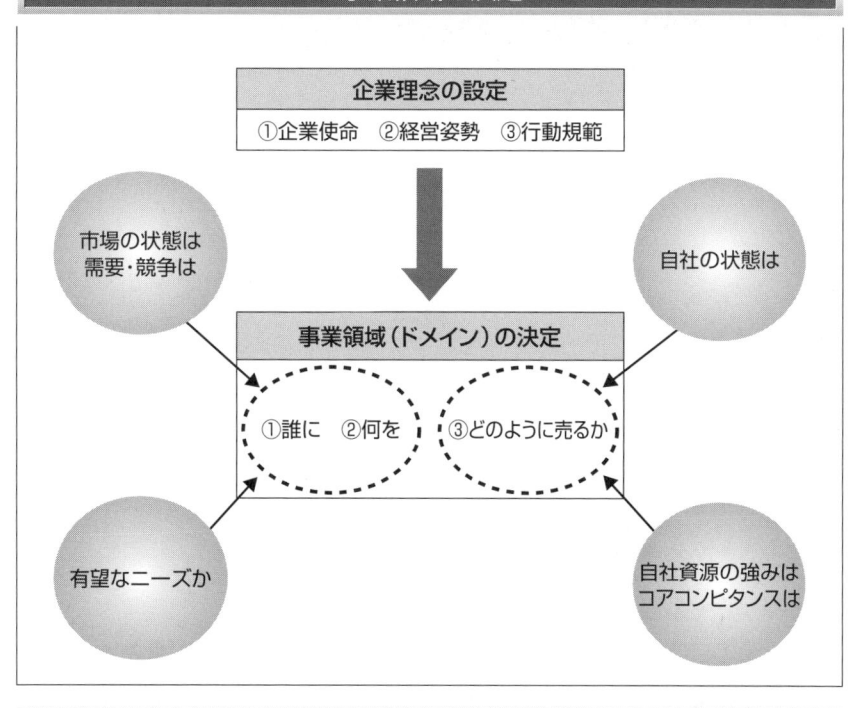

企業理念の設定
①企業使命　②経営姿勢　③行動規範

↓

事業領域（ドメイン）の決定
①誰に　②何を　③どのように売るか

- 市場の状態は 需要・競争は
- 自社の状態は
- 有望なニーズか
- 自社資源の強みは コアコンピタンスは

フォーマット8　事業領域（ドメイン）決定シート

誰に	何を	どのように
地域の女性に	世界最先端のファッション 女性の美しさ 満足感	婦人服卸に5年、ブティックに3年勤務の経験・人脈を活かす

↓

事業領域（ドメイン）

主に○○駅を利用する地域の女性に、世界最先端のファッションを提供し、女性の美しさの追求と満足感の高揚に貢献する。

婦人服卸に5年、ブティックに3年勤務の経験・人脈を活かす。

（190ページにフォーマット掲載）

第2章▷事業計画の根幹を固める

13 長期ビジョンを設定する

　企業理念が企業の使命、経営姿勢、行動規範といった原理・信条を表すのに対し、「長期ビジョン」は自社の向こう5〜10年の「ありたい姿」を人、物、金といったより具体的な要素を折り込んで策定したものです。
　企業理念、事業成功の要因分析、事業領域などで定められたキーコンセプトを折り込んで、事業の方向性を長期ビジョンとして具体的に定めます。類似の業種業態の企業のアニュアルレポートに掲載されている長期ビジョンを参考にするのも一法です。
　特にこれでなければならないというわけではありませんが、本書では長期ビジョンを次の3つの視点で設定することをお薦めします。

①企業文化ビジョン
　起業家の「志」や「企業理念」を受けて、どのような社風の企業にするのかを明確にします。顧客重視、スピード、オープンなどのキーワードがよく使われます。カリスマ社長が社員を統率する企業、体育会系の元気な企業もあります。「毎年ホノルルマラソンに社員全員が出走する」を合言葉にしている会社もあります。

②事業構造ビジョン
　これまでに策定してきた企業理念、事業領域を踏まえ、事業の構成、商品・市場・顧客などを定義します。良い企業の条件は、やはり毎年数％以上継続して売上を伸ばしていくことであり、3年後に売上いくら、利益いくら、といった長期ビジョンを掲げる例が多く見られます。売上目標は机上の空論ではなく、各種分析の結果を反映した達成可能な目標である必要があります。

③経営機能ビジョン
　役員・従業員体制、開発・資材・生産体制、営業体制、システムなどのあるべき姿を表現します。

長期ビジョン

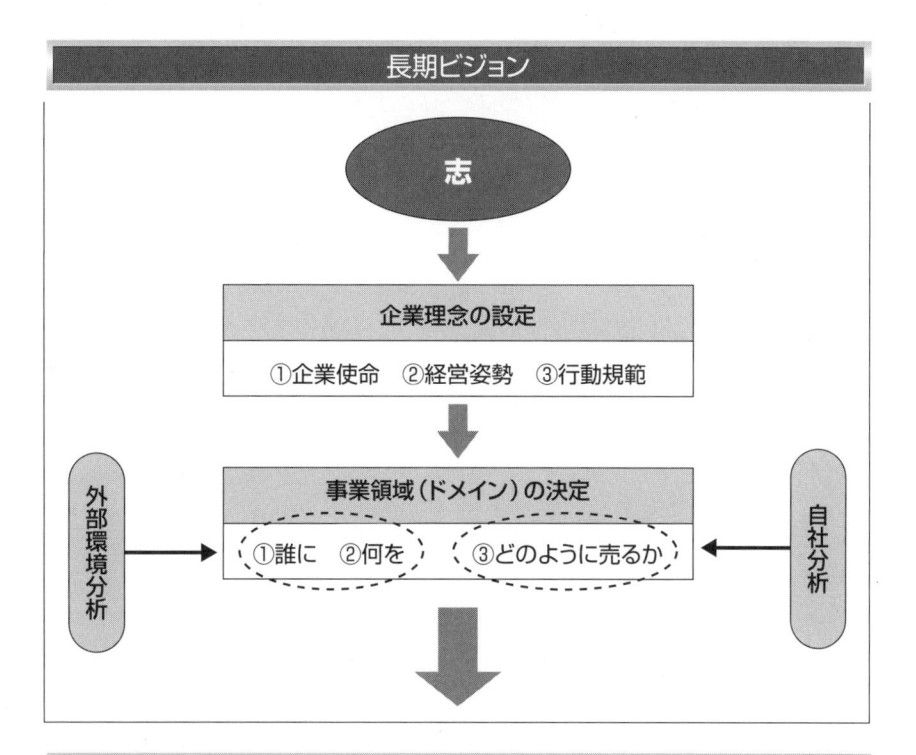

```
        志
        ↓
   企業理念の設定
  ①企業使命 ②経営姿勢 ③行動規範
        ↓
外部環境分析 → 事業領域(ドメイン)の決定 ← 自社分析
          ①誰に ②何を ③どのように売るか
        ↓
```

フォーマット9　長期ビジョン設定シート

長期ビジョン		
①企業文化ビジョン	②事業構造ビジョン	③経営機能ビジョン
・顧客満足度をすべてに優先する経営 ・すべての業務や意思決定において、スピードを重視する ・フラットでオープンな組織を実現し社内の透明性を高める ・官僚的でなく、血のかよったチームとして革新的な仕事をする	・当初の3年間は○○事業を柱とする ・売上高を毎年10％ずつアップする ・販売費・一般管理費を業界最低水準に抑える ・設備投資額を毎年の経常利益額以内に抑える	・従業員の人員整理は行わない ・営業体制の質の向上を最優先課題とする ・業界トップレベルのシステム構築を図る

（191ページにフォーマット掲載）

参考　SWOT分析

　起業にあたって重要なことの1つに自分を知る、自己・自社の強み弱みを知る、ということがあります。
　そのときに参考にしたいのがSWOT（スウォット）分析です。主にマーケティング戦略や企業戦略の立案時に使われる分析のフレームワークで、組織の強み（Strength）、弱み（Weakness）、機会（Oportunity）、脅威（Threat）、の4つの面から自己・自社を評価する手法です。
　強みを活かし、弱みを補完することがポイントになります。弱みがあろうと強みを伸ばすことができれば起業も成功します。

さらに強化するには ・調査と研究 ・アライアンス	補完するには
↑	↑

プラス要因		マイナス要因
自己・自社の強み　Strength ・低価格 ・きめ細かいサービス	自己・自社の弱み　Weakness ・信用の低さ	
外部環境での有利な要因　Oportunity ・時流に乗っている ・誰もやってない分野が残っている	外部環境での不利な要因　Threat ・大手の寡占傾向	

↓	↓
さらに強化するには	補完するには

第3章
中期業務計画を立てる

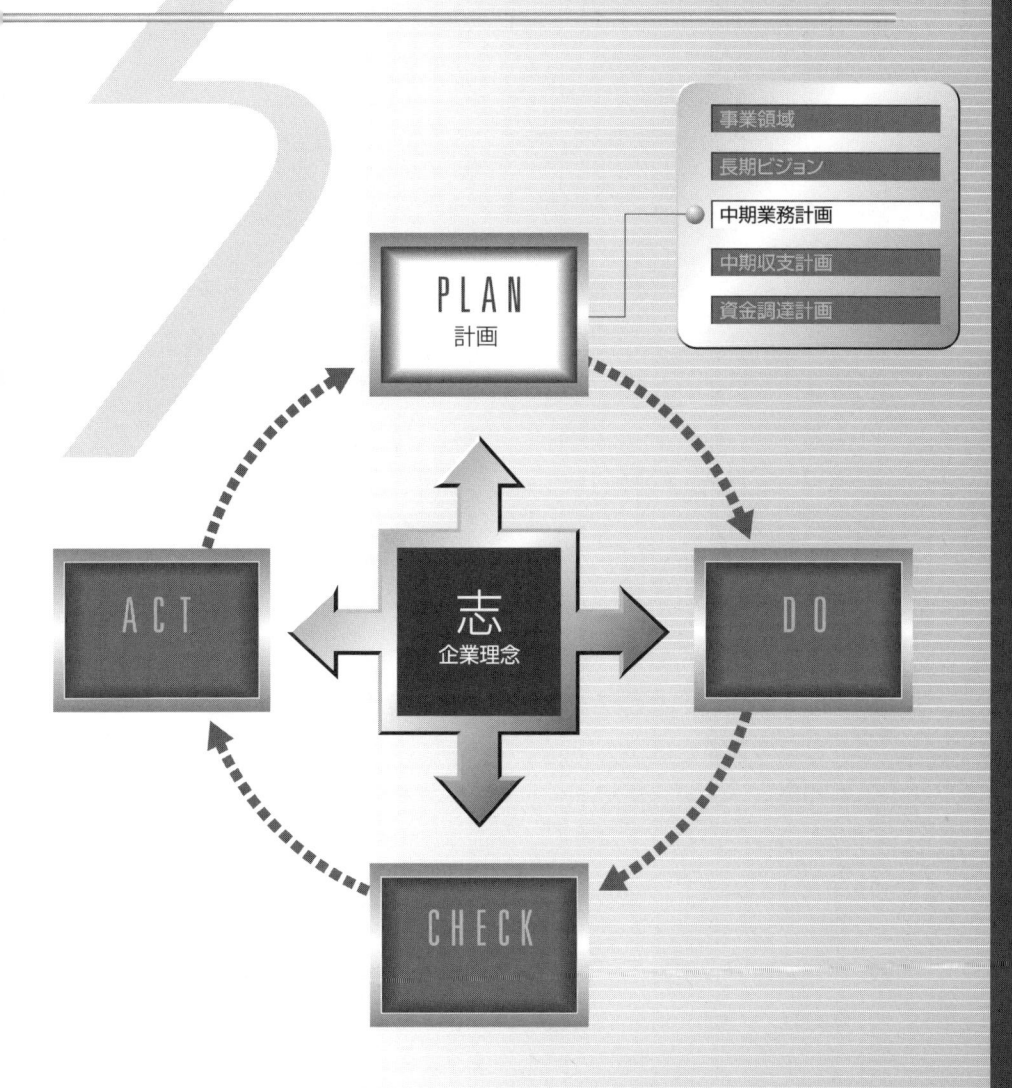

- 事業領域
- 長期ビジョン
- **中期業務計画**
- 中期収支計画
- 資金調達計画

PLAN 計画

DO

CHECK

ACT

志
企業理念

1　必要な人材を確保する

　事業計画にもよりますが、SOHOや個人商店など小規模で事業を始める場合は、配偶者や親戚、知人など身内中心の体制でスタートするのが一般的です。
　その際、知人や身内と共同経営を行う場合には、「志」は同じで得意分野・強みが異なる人と一緒に起業すると成功の確率が高まります。なぜなら、それぞれの役割分担がはっきりしますし、お互いの弱点をお互いがカバーできることが多いからです。
　1人あるいはごく少人数で何でもこなそうとしても限界があります。中期的には、事業の発展に合わせて計画的に外部の人をうまく使っていくことが求められます。事業計画の中で、人材の確保は早めに着手すべき課題です。営業や技術、生産などの要員を計画している場合、従業員やパートを採用することになりますが、その方法はいくつかあります。

　　・人材募集広告を出す
　　・ハローワークに求人を申し込む
　　・友人、知人に紹介してもらう
　　・同窓会のツテを利用する
　　・自分の人脈を活かす

　人材募集広告はインターネットやチラシを使うのが一般的ですが、ネット広告は費用が数十万円単位でかかりますし、チラシ広告も1回あたり数万円はかかります。しかも、これらの方法は確実に良い人材が採れるかどうかわかりません。うまく応募があっても、面接だけで人の質を見抜くことが要求されます。
　お薦めは、やはり自分の人脈を活かし、自分で人を探すことです。人の質は、その人とある程度の期間付き合わないとなかなかわかりませんから、自分が目星をつけていた人を採用するのが一番です。

フォーマット10　人員計画表

部門・職種		担当	1年目	2年目	3年目	備考
経営陣	社長X	営業担当、販売先A社担当	1人	1人	1人	A〜D商品担当
	役員A	開発担当	1人	1人	1人	
	役員B	経理担当	1人	1人	1人	妻
営業	Y	販売先B, D, F社	1人	1人	1人	A〜D商品担当
	Z	販売先C, E, G社	1人	1人	1人	A〜D商品担当
技術・開発		役員Aが兼務				
生産		役員Aが兼務				
資材・購買		役員Bが兼務				
業務		役員Bが兼務				
合計	役員		3人	3人	3人	
	従業員		2人	2人	2人	増員は4年目以降

人は自分の人脈で探す

（192ページにフォーマット掲載）

2 組織・人事計画を立てる

　経営の3大要素は「人、物、金」と言われます。中でも「人」は最も大切な要素であり、経営を語るとき、「すべては人で始まり、人で終わる」と言われることも少なくありません。物や金と同じ位置付けで人を考えると失敗します。経営者は、その持てる時間の大半を人の問題に割いていくという心構えが大事になります。

　他の役員や従業員を採用する場合は、直ちに組織・人事計画が必要になります。まず考えるべきは、組織をどう運営するかです。前項で計画した要員数について、その費用をどれくらいにするのか、1人あたり人件費はいくらにするか、業務遂行ルール・社則はいつどのように整備するか、などについて当初3年間の計画を立ててください。

　特に、人事考課、賃金制度、福利厚生などの人事制度は、他社の事例を参考にしたり、社会保険事務所の助言を得ながら、3年間のどの時点でどのような施策を行えばよいか計画を立ててください。1人でも従業員を雇えば、社会保険の加入が義務付けられますし、従業員が10人を超えれば、就業規則の整備も必要になります。

　事業計画は良くても、実行する人がいなければ絵に描いた餅に終わってしまいます。各人がいかにやる気を持って行動してくれるか、評価の方法や報酬額などを総合的に考え、実行することが成功へのカギとなります。ES（従業員満足度醸成）の観点に立ち、社員に関心を持ち、たえず最善の組織、人事施策を取っていくように心がけましょう。

　大企業は数百人、数千人の社員が組織をあげて新商品を開発し、新市場を開拓する営業に努めています。こうした大企業に勝つには、「3人寄れば文殊の知恵」と言われるように、社内外の叡智を結集しスピードとアライアンスで勝負をかける戦略が必要です。

フォーマット11　組織・人事計画表

	項　目	当初3年間の課題	対応策
組織	役員	自分は開発が弱み	開発で自分を補完してくれるナンバー2を持つ
	参謀	内部で体制確保は難しい	案件が生じた都度、外部に相談
	従業員		
	開発・技術	人件費の2割を充当する	当初3年間は役員1名体制で乗り切る
	業務	ホームページを使った販促を行う	アウトソース先を確保する
	営業	強力な営業体制が必要	優秀営業担当2名を確保する
	予算制度	極力精度を上げる	ピボットテーブルも活用
	目標管理		
	1人あたり売上高	3年後、社員1人あたり月120万円をめざす	自分が率先、必達をめざす
	1人あたり人件費	当初3年間は1人月30万円とする	自分と妻は初年度ゼロで乗り切る
	会議体	定例化する	毎月1回定例ミーティングを開催
	業務遂行ルール	コミュニケーションを最優先	フラットでオープンな組織を構築する
人事	採用	創立時に営業担当を2名採用	ヘッドハンティング
	教育	営業担当の質の向上	勤務時間の5%を教育に充てる
	人事考課	やる気の醸成を図る	適正な評価を心がける
	昇進・昇格	当初3年間は実施せず	十分なコミュニケーション
	賃金・賞与	当初3年間は賃上げは最低水準にとどめる	計画達成分は賞与で報いる
	福利厚生		401Kを検討
	労使関係・労働条件	非組合とする	人事考課と絡め定期的対話の場を設ける

（193ページにフォーマット掲載）

3 協力者・支援者を募る

　何度も言いますが、起業は絶対に1人ではできません。いかに優秀な起業家でも1人でできることには限りがあります。

　右表で自分の協力者をリストアップしてみてください。良い協力者、支援者が多くいるほど、あなたの事業の成功確率は高まります。特に、あなたのビジネスや商品・サービスに賛同してくれる人を起業前に多数確保できていれば、あなたのビジネスの将来は大いに有望です。起業直後からしっかり黒字を確保している起業家の多くは、起業準備段階にすでに複数の顧客を確保しています。

　起業を成功させるには、何人かのキーマンを得る必要があります。例えば、ITのインフラ関連事業を起こす人はその分野でトップクラスの優れた技術者を獲得する必要があります。

　業種業態によっては、各種士業の支援を求める必要も生じてきます。役所によっては同様の支援サービスを無料で実施することもありますので、そうした情報を入手し、積極的に活用することも大切です。

　キーマンは、外部にも必要です。そこで外部の協力者をできるだけ多く組織化、ネットワーク化することが重要になります。アライアンスで外部のパワーを自社に取り込むのです。

　アライアンスの輪を広げるために大切なのは、「人との出会い」です。どんどん外部の交流会や組織に参加し、アドバイスしてくれる人、相談に乗ってくれる人、起業家同士が協力し合えるネットワークなどをなるべく多く持つことが大切です。商工会議所、経営者団体、法人会などの組織体や各種交流会に参加し、協力し合える人脈をつくることがビジネスの拡大につながります。

フォーマット12　協力者・支援者一覧表

項目	協力者・支援者	内容（人、物、金、技術、情報）
得意先	A社	A〜D商品販売先
	B社	同上
	C社	同上
	D社	同上
仕入先	X社	A商品仕入れ
	Y社	B商品仕入れ
	Z社	C、D商品仕入れ
行政機関	市役所○○課	無料コンサル申し入れ
金融機関	○○銀行	メイン銀行
	国民生活金融公庫	融資申請
大学・研究機関		
身内	妻	経理担当役員
友人	役員A	開発担当役員
先輩・恩師		
参謀	リクルート相談	必要時外注
	教育のブレーン	必要時外注
	海外通	
士業:司法書士	中田事務所	法人設立登記
税理士	安藤太郎	税務
社会保険労務士		従業員の社会保険
行政書士		官庁許認可
弁理士		特許・実用新案・商標
弁護士		契約チェック
経営コンサルタント		経営全般、あるいは自分の弱みを補完
起業コンサルタント		複数のセミナーに参加
健康コンサルタント（主治医）		主治医をおく

すでに私には10人の賛同者がいます！

実名を記入する

（194ページにフォーマット掲載）

4　商品やサービスをどのように開発するか

　技術開発型のビジネスモデルに限らず、どのような業種業態でも商品やサービスの開発のフェーズは存在します。企業経営の中で商品力の占める割合は大変大きく、商品・サービスの開発計画はとても重要な位置を占めます。

　自分の「夢」や「感動」、「不満」や「不便」から「開発」はスタートします。商品やサービスに関することでアイデアが閃いたらすぐに記録をし、情報を集め、研究を開始することが事業化の第一歩です。あるいは関係する仲間を集めてブレーンストーミングを行い、アイデアを練り上げていきます。各人の知恵、顧客のニーズをどうしたら集められるか、具体化できるかを考えます。

　次に徹底的に市場調査をしてください。良いアイデアだと思っても、調べみると、すでに先行する類似品がいくつもあったという話は枚挙に暇がありません。

　しかし、類似商品が見つかったからダメだと考えるのではなく、同じようなことを考える人がすでにいるということは、その商品のニーズが高いことを示すのだから「ラッキー」だと考えたらどうでしょう。

　アイデアの明確化、評価、他との差別化の段階では、すでに述べたセグメンテーション、ターゲティング、ポジショニングを行うと大変有効です。

　法令規制がネックで事業化をあきらめるというのも早計です。必ず何らかの対応策があるはずだ。あるいは「法令・規制を変えればいい」くらいの迫力を持てれば問題解決策も見えてきます。

　試作・試行を行う段階ではかなりの工数、資金を投入する必要が生じますから、実行する前に入念な検討やリスク分析を行うことが求められます。

商品やサービスの開発プロセス

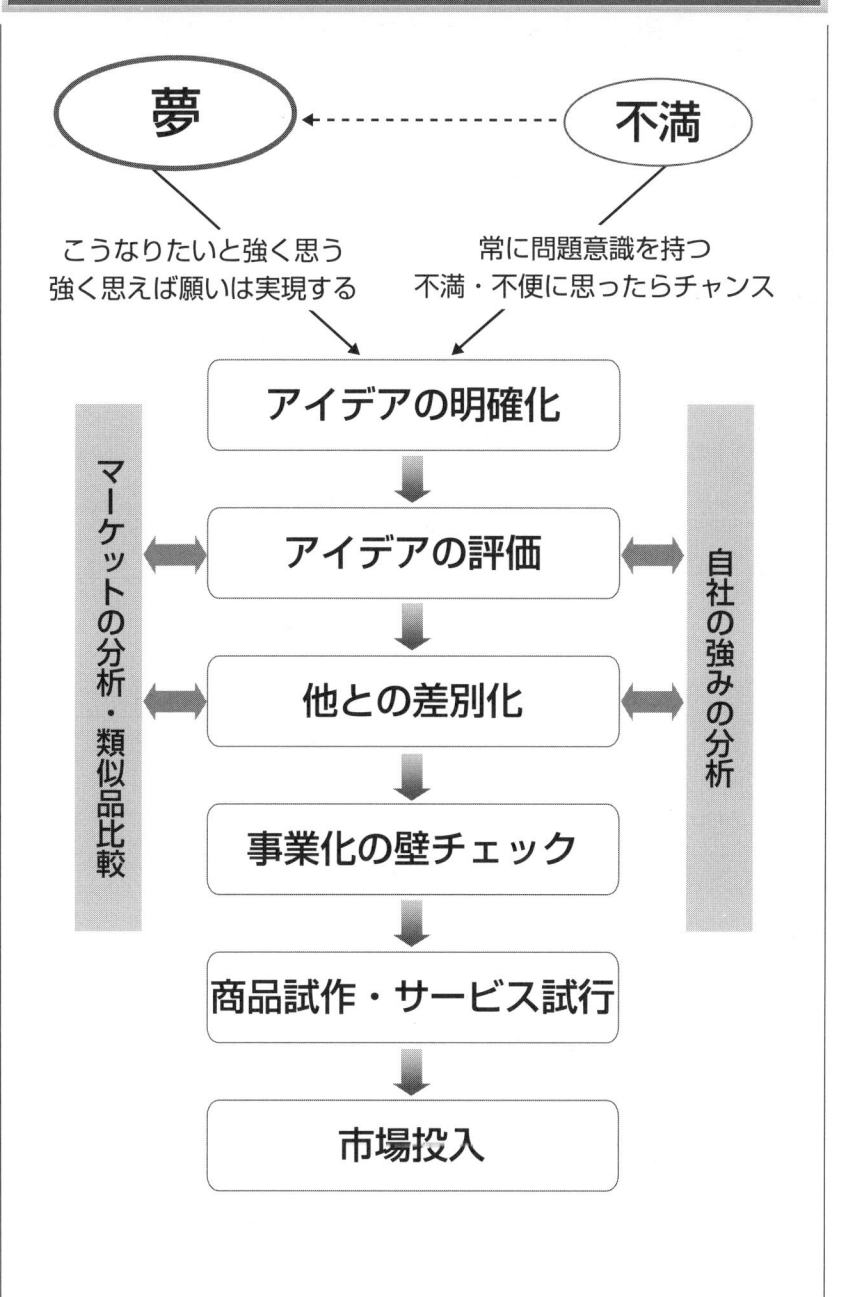

夢 ←------- **不満**

こうなりたいと強く思う
強く思えば願いは実現する

常に問題意識を持つ
不満・不便に思ったらチャンス

↓ ↓

アイデアの明確化
↓
マーケットの分析・類似品比較 ↔ **アイデアの評価** ↔ 自社の強みの分析
↓
↔ **他との差別化** ↔
↓
事業化の壁チェック
↓
商品試作・サービス試行
↓
市場投入

5　最適な仕入先を見つけ出す

　顧客に販売する商品・サービスが固まってきたら、その商品に最適な仕入先、生産会社を選択するステップに入ります。良い商品をどこから、いくらで、どのようなルート・チャネルで、どんな条件で仕入れるかは重要なポイントです。
　一般的な仕入ルートは、
①問屋、卸しから
②生産者、メーカーなどから直接
となります。人脈を駆使したり、商工会議所に紹介を仰いだりとあらゆるツテを使って多くの情報を集め、その中から慎重に決めていきます。
　仕入先を検討する際、価格や支払条件は特に注意が必要です。小企業の場合は、現金仕入を求められることが多く、一方で売りのほうは掛売が多くなりがちですから「資金繰り」は常に最大の問題となります。自社が起業直後で資金繰りが苦しいことをはっきりと顧客に伝え、掛売の決済期間を短縮してもらいたいと訴えていくことも大切です。
　物流条件も少量でも運搬してもらえるのか、ロットはいくらかなど、きちんと確認してください。
　仕入先については国内、海外と多岐にわたることも多くなります。「地元で仕入れて、地元で販売する地産地消」「遠隔地で仕入れて、地元で販売」のいずれの場合も、できれば起業前に仕入先を確保しておくことが賢明です。
　右表に仕入先とその条件を具体的に書き込み、それぞれのメリット・デメリットを比較してください。仕入先の地域は地元がいいか、全国どこでもOKか、海外がいいか。仕入先は法人がいいか、個人がいいかなど、様々な選択肢がありますから、自分で仕入先へ行って確認するなり、実際に仕入先の代表者に会うなりして仕入先を決めることが重要です。

フォーマット13　仕入先検討表

コード	商品	仕入先	所在地	価格	条件	強み	弱み
0001	A商品	X社	海外	15円	現金	ブランドあり 高品質	高価
0002	B商品	Y社	東京	50円	現金	ブランドあり 高品質	高価
0003	C商品	Z社	地元	40円	掛け 納入翌月末 現金	低価格	ブランドなし
0004	D商品	Z社	地元	15円	掛け 納入翌月末 現金	低価格	ブランドなし

（195ページにフォーマット掲載）

◆仕入先検討の際の注意点
1. 商品の品質チェック
2. 仕入先の信用調査（必ず訪問し、代表者に会う）
3. 仕入価格
4. ロット数
5. 支払サイト

6 自社生産か委託生産かを検討する

　製造業では、売上計画ともリンクさせながら、仕入計画、生産計画、在庫計画を策定します。卸・小売業では、「生産」はありませんが、仕入計画と在庫計画を策定してください。

　起業にあたっては、自前の生産設備を構えることは、資金的にも技術的にもリスクが大きくなり過ぎますので、外注化、ファブレス化（持たざる経営）が賢明です。企画、設計などは自社が握り、生産は外注化するのがよくある例です。ただし、品質は商品の命ですから、品質管理の勘所はやはり自社で担当するのが賢明でしょう。

　外注先をどこにするかは事業計画の成否を左右します。国内か海外か、大手か中小か、リスクも含め、慎重に決める必要があります。中国をはじめ、海外に生産拠点を設ける場合には専門のコンサルタントを依頼する方法もありますし、府県によっては、役所が支援してくれるところもありますので十分に調査してください。

　海外企業と生産提携する場合には、契約が非常に重要で、技術を盗まれないよう「専門」の弁護士をたてる必要があります。契約書に記載する紛争時の裁判所は、裁判を有利に進めるためにも日本にしておくことが必要です。

　販売計画、資材計画、生産計画、利益計画、要員計画などを総合的に組み合わせ、進捗管理ができるようにすることも非常に大切なポイントになってきます。

　生産の規模が大きくなれば、コンピュータシステムの導入も必要になりますので、外部の専門コンサルティングも受けながら慎重な計画を策定することが求められます。

フォーマット14　生産計画表

注:本表では単純化するため、受注生産を想定し、在庫ゼロとしています。　　　　（千円）

コード	商品名	生産場所	数量・価格	12月目	1年目計	2年目計	3年目計
0001	A商品	X社 ○○工場	販売個数 価格@50	40	210	600	660
				2,000	10,500	30,000	3,300
			生産個数 原価@15	40	210	600	660
				600	3,150	9,000	9,900
			在庫個数 価格				
0002	B商品	Y社 ◇◇工場	販売個数 価格@100	20	81	30	33
				2,000	8,100	3,000	3,300
			生産個数 原価@50	20	81	30	33
				1,000	4,050	1,500	1,650
			在庫個数 価格				
0003	C商品	Z社 △△工場	販売個数 価格@100	10	45	150	170
				1,000	4,500	15,000	17,000
			生産個数 原価@40	10	45	150	170
				400	1,800	6,000	6,800
			在庫個数 価格				
0004	D商品	Z社 □□工場	販売個数 価格@50	20	82	300	360
				1,000	4,100	15,000	18,000
			生産個数 原価@15	20	82	300	360
				300	1,230	4,500	5,400
			在庫個数 価格				
	合計		販売個数 価格	90	418	1,080	1,223
				6,000	27,200	63,000	71,300
			生産個数 原価	90	418	1,080	1,223
				2,300	10,230	21,000	23,750
			在庫個数 価格				

（196、197ページにフォーマット掲載）

7 マーケティングの4Pで販売計画を立てる

　ほとんどの起業家が一様に苦労するのが販売です。新しい商品を新しい市場に売ろうとすれば、そう簡単にいかないのは当然と言えましょう。

　何を売るか、誰に売るか、いくらで売るか、……を考え実行するのが「マーケティング」です。マーケティングとは市場創造のための総合的活動、企業の市場創造、需要創造、顧客創造の活動です。つまり、企業を創業することはマーケティング活動そのものとも言えます。したがって起業するにあたっては、マーケティング理論を体系的に勉強し、その基本に則って販売計画を立て、実行することが重要です。

　マーケティングでは、目標実現のために4つの要素を効果的に組み合わせて戦略を立てます。これを「マーケティング・ミックス」と言います。マーケティング・ミックスの4つの要素は、商品（Product）、価格（Price）、販売促進（Promotion）、販路（Place）で、「マーケティングの4P」と呼ばれています。

◆**商品戦略**：セグメント市場、ターゲット顧客への販売策
◆**価格戦略**：安く、あるいは付加価値を付けて販売する方策
◆**販促戦略**：広告やパブリシティ、人的セールスなどの検討策
◆**販路戦略**：販路や流通ルートの検討策

　マーケティングのゴールは自社の商品のブランド化にあり、このブランド化に向けて、マーケティングの4Pの考え方を総合的に組み合わせ、事業計画の節々に折り込んでいくことが必要です。1つずつ詳しく見ていきましょう。

マーケティングの4P

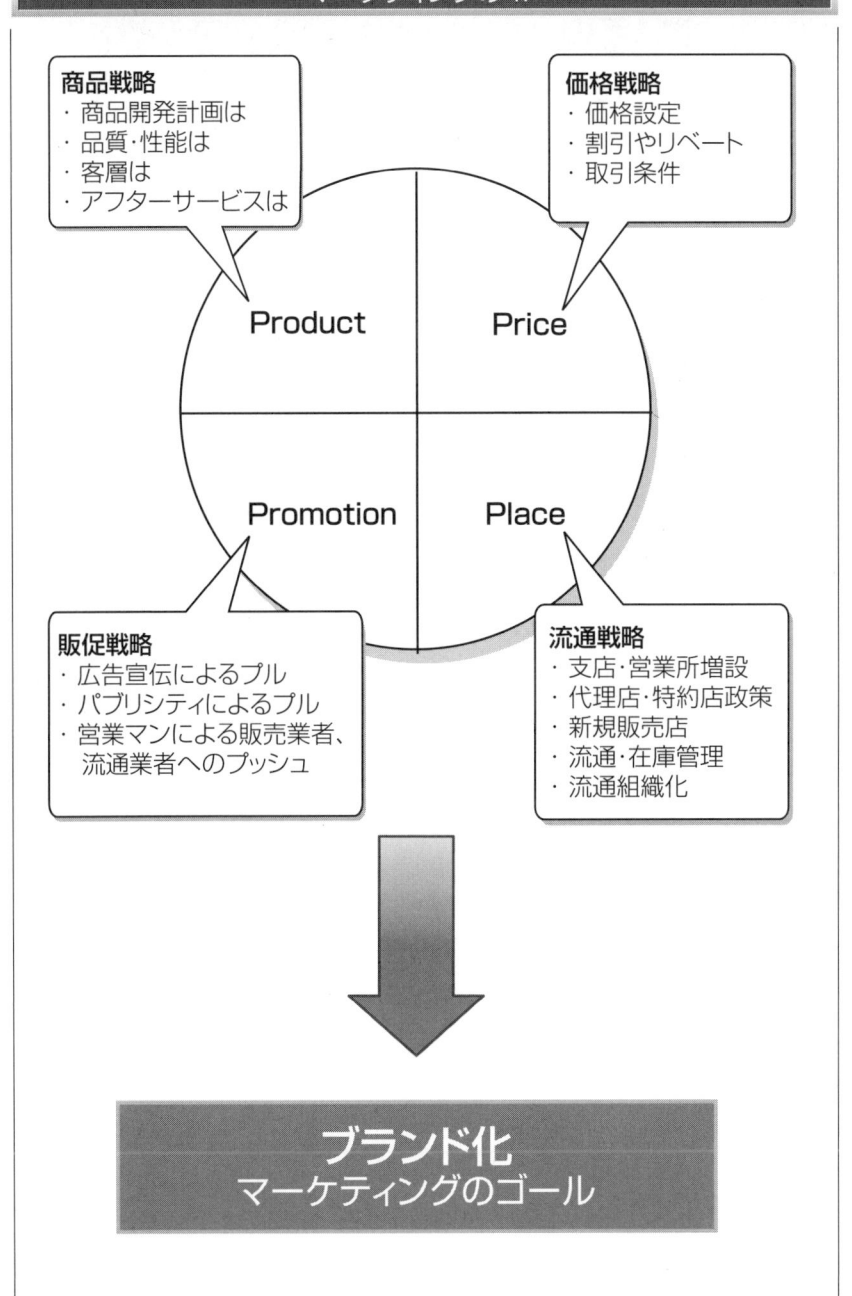

商品戦略
・商品開発計画は
・品質・性能は
・客層は
・アフターサービスは

価格戦略
・価格設定
・割引やリベート
・取引条件

販促戦略
・広告宣伝によるプル
・パブリシティによるプル
・営業マンによる販売業者、流通業者へのプッシュ

流通戦略
・支店・営業所増設
・代理店・特約店政策
・新規販売店
・流通・在庫管理
・流通組織化

- Product
- Price
- Promotion
- Place

↓

ブランド化
マーケティングのゴール

8　買い手の立場から商品戦略を考える

　すでにセグメンテーション、ターゲティング、ポジショニングで商品戦略の概要は見えてきたと思います。やはり大事なのはお客様志向で考えるということです。あくまでも「売り手」の立場でなく「買い手」の立場（顧客の立場）で戦略を策定することが重要です。顧客のニーズをいかにしたら満たすことができるか、様々な角度から検討してください。
　ここでは商品のセールスポイントを明確にしてみます。右のようなマトリックス（4象限）の縦軸・横軸に価格、品質、サービスなど、いろいろな項目を置きながら、自社の商品のセールスポイントを明らかにしてください。
　買い手の立場で商品のセールスポイント考える場合、次の3点がポイントになります。

①顧客にとっての中核となるベネフィット（恩恵）は何か
　顧客に提供したい「思い」の中心は何か、ということです。化粧品であれば、化粧品という物理的な「もの」ではなく、そこから得られる「美」が中核となるベネフィットです。

②形態をどれだけ魅力的なものにできるか
　ベネフィットを具体的に表現する品質、デザイン、ブランド名、パッケージなど。

③商品の付随機能をどう訴えるか
　アフターサービス、保証、デリバリーなど。
　多くの起業家は、自分の立場・売り手の立場で商品のセールスポイントを考えがちです。「どうしたら顧客の立場になれるか」が商品戦略の巧拙のカギになります。

商品戦略

マトリックス：縦軸・横軸にいろいろな項目を置きながらセールスポイントを明らかにする

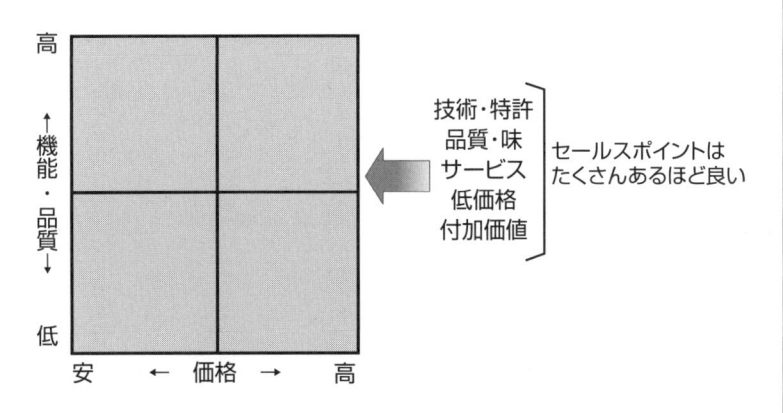

縦軸：機能・品質（低→高）
横軸：価格（安←→高）

技術・特許
品質・味
サービス
低価格
付加価値

セールスポイントはたくさんあるほど良い

買い手の立場で商品のセールスポイントを考える際の商品の3つのポイント

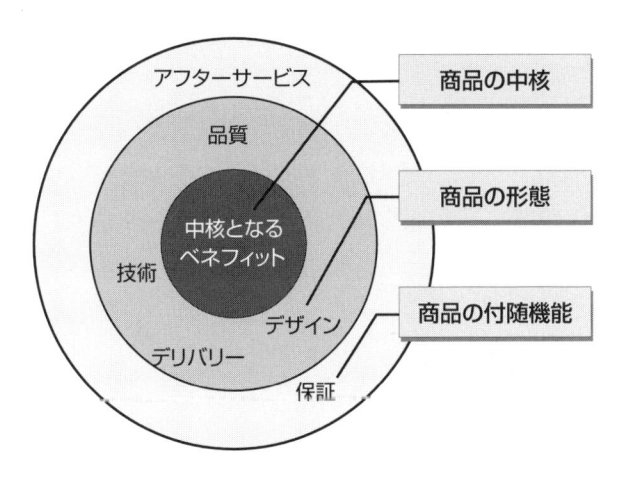

- 商品の中核：中核となるベネフィット
- 商品の形態：品質、技術、デザイン
- 商品の付随機能：アフターサービス、デリバリー、保証

第3章 ▷ 中期業務計画を立てる

9　価格戦略が販売計画の明暗を分ける

　販売計画の中でも価格戦略は非常に重要です。価格の設定方法も各種あります。
①自社のコストに利益を加算するケース
②市場の類似商品価格で決定せざるを得ないケース
③顧客に与えるベネフィットを価格とするケース
　③では、高価格をつけることも可能で、その場合には大きなリターンも期待できます。起業時は付加価値をつけて高価格の商品・サービスをニッチ狙いで売る戦略が有効です。この場合、ブランドを好む、あるいは品質を認める顧客層を確保する作戦が必要です。

	高価格	低価格
ブランド好き層	◎	
富裕層	○	
節約層		◎
一般層		○

　一般的に、低価格戦略は大量販売が可能な大手企業のやり方と言えますが、小規模企業が安く販売する方策もいくつかあります。
①仕入価格を下げる：現金仕入、共同購入、競売物件を仕入れる
②設備費を下げる：倒産した店を改装して使う、中古物件を使う
③仕様を工夫する：仕様を絞る、標準化する
④ITを活用する：ネットで販売する
　これ以外にも多々あると思いますが、高く売る場合も、安く売る場合も、ファブレス、現金商売、スピード勝負で、原価を1円でも安くすることが価格戦略の基本です。

価格戦略

◆低価格

市場浸透価格	顧客が購入しやすい低価格
心理的価格	端数価格：19,800円など、安さを印象付ける 段階価格：高級、中級、普及品に段階化
区別的価格	同一商品・別低価格（量、場所、時期、顧客）
割引価格	数量割引、業者割引、現金割引、季節割引、ネット割引

◆付加価値、高価格

上層吸引価格	付加価値をつけ高額所得者を狙う
心理的価格	名声価格：高級ブランド品 段階価格：高級、中級、普及品に段階化
区別的価格	同一商品・別高価格（量、場所、時期、顧客）

◆その他要因による価格

心理的価格	慣習価格：たばこや缶ジュースなど価格イメージ定着品
希望小売価格	メーカーが標準小売価格を明示
オープン価格	希望小売価格を明示せず小売業者に一任
再販売価格	小売価格維持のため流通業者に販売価格を指示 独禁法で認められている商品のみ

10　4つの視点から販促戦略を考える

　商品・価格が決まれば、次はどのように販促（プロモーション）するかを考えます。主な販促の方法は次の4つです。
①広告
　新聞、雑誌、ちらし、ホームページ、メールマガジンなど。探偵社を起業したYさんは、ちらしを数万枚印刷し、近隣の住宅にポスティングしたところ、数件の引合があり、この商談を基に以後のビジネスを軌道に乗せることができました。
②パブリシティ
　パブリシティは無料でマスコミに宣伝してもらえる魅力的な販促手段です。詳しくは、後述します。
③販売促進（狭義）
　生保のトップセールスマンKさんは、顧客から次々に知人を紹介してもらい成功しています。ホームページやメールを使ったクチコミをうまく利用して伸びている商売も少なくありません。
④人的販売
　業種業態によっては訪問販売もありえます。トイレ清掃業のKさんは100％飛び込みセールス。「御社のトイレを掃除させてください。結果が気にいらなければお代はいりません」方式が成功し、顧客を次々と獲得しています。
　4つの方法のうち、どれに重きを置くかでプル・プッシュ戦略に分ける見方もあります。
◆プル戦略：広告・パブリシティ等で顧客を引き付ける
◆プッシュ戦略：販促、人的販売に重きを置き、顧客に働きかける
　自社の事業に最も合う、しかも安価な販促戦略を立ててください。

販促戦略

プロモーション・ミックスの体系

縦軸：不特定多数 ← 顧客 → 特定少数
横軸：プッシュ ← やり方手段 → プル

- 広告
- パブリシティ
- 販促
- 人的販売

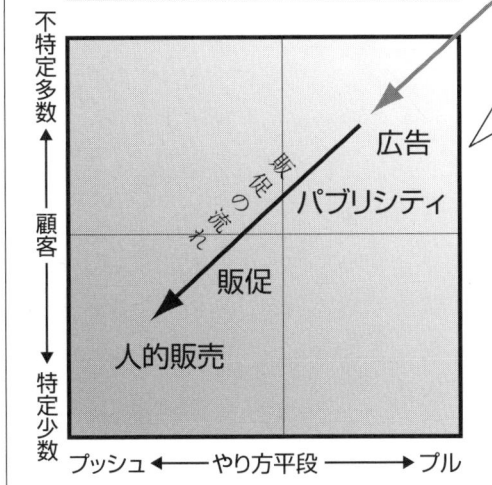

（販促の流れ：右上から左下へ）

商品完成

> 消費者の購買心理プロセスを表したモデルにAIDMAがあります。
> Attention（注意）、Interrest（関心）、Desire（欲求）、Memory（記憶）、Action（購入）という5つのステップの頭文字を取って名づけられたもので、プロモーションの4要素に当てはめてみると、Attention、Interrest、Desire、Memoryの段階では広告、パブリシティが、Actionの段階では販促、人的販売が効果的です。プロモーションミックスの体系をプル・プッシュのやり方、AIDMAの2軸で表現すると左図のようになります。

カバー範囲とコスト

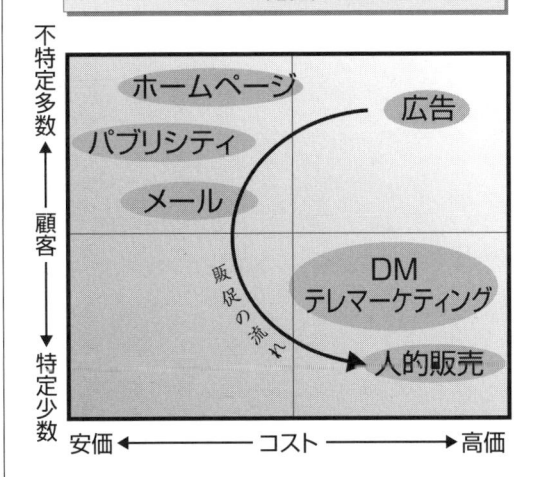

縦軸：不特定多数 ← 顧客 → 特定少数
横軸：安価 ← コスト → 高価

- ホームページ
- パブリシティ
- メール
- 広告
- DMテレマーケティング
- 人的販売

（販促の流れ）

第3章 ▷ 中期業務計画を立てる

11 コストを考えて流通戦略を検討する

　流通戦略とは、商品をいかなるルートで仕入れるか、どのような形態で販売するか、どのような経路（チャネル）で顧客に商品を届けるか、を検討し展開することを言います。販売価格の中に占める流通コストをいかに安くするか、顧客の希望する納期をいかにして守るか、など計画段階からきちんと検討しておくことが必要です。

　商品によっては、インターネットによる中抜き・直販方式もあります。起業時は資金に余裕がなく流通にあまりお金をかけられませんから、大手宅配業者に流通や決済を代行依頼する方法も現実的です。流通戦略でも知恵を出し、工夫を重ねてください。

　流通戦略を検討する切り口もいろいろあります。右の例のように、商品特性、仕入経路、販売経路の検討を行うのもその一例です。まず商品特性について検討しましょう。例えば、商品のサイズが軽薄短小型か重厚長大型かによって流通の考え方は異なってきます。あるいは鮮度が勝負の商品なのか、流行すたりの激しい商品なのかによっても仕入経路、販売経路は変わってきます。

　仕入経路と販売経路についてはオープンなチャネル経路をとるか、クローズな経路をとるかで大別されます。日用雑貨、食料品などを扱うビジネスではオープンな**開放型**をとることが多くなりますし、ブランド品などは**選択型**や**直営型**といったクローズな経路をとる例が一般的です。

　チャネルは絶えず変化し、新しいチャネル・システムが登場しています。最高のコスト経済性と顧客対応を達成するため、右表を参考に自社の扱う商品の特性に合った流通戦略を考えてみてください。

フォーマット15　流通チャネル検討表

	項　目	特　性	課　題	対応策
商品特性	サイズ	重厚長大	サイズ大で流通費大	運送業者活用
	鮮度	鮮度が命	鮮度が低い	クール便活用
	流行性	流行性高い	頻繁な商品入れ替え	仕入先複数開拓
仕入経路	チャネル政策	開放型	開放型でリベート薄	専属型を狙う
	チャネル管理形態	管理型	管理型で利益幅小	仕入先再選定
	仕入ロットサイズ	大	ロット大で資金不足	仕入ロット最小化
	仕入頻度	規則的	定期配送で機会損失	ランダム仕入化
	仕入先数	少ない	少なく不自由	仕入先開拓
	仕入先立地	集中	地元だが商品見劣り	良品なら世界から
販売経路	チャネル政策	専属型	専属型だが利幅小	新チャネル開拓
	チャネル管理形態	管理型	管理型だが管理費大	新チャネル開拓
	販売店数	少ない	少なく苦戦	扱い店を増やす
	販売店規模	小	小規模で売上増えず	大手に売り込む
	参入・退出条件	自由	拘束期間なし	長期契約関係化
	販売立地	集中	地域特化で問題なし	当初は地域特化
	経路長	短い	地域特化で問題なし	当初は地域特化

（198ページにフォーマット掲載）

◆ 「チャネル政策」面での分類
　・開放型：希望するすべての流通業者と契約。日用雑貨、食料品など。
　・選択型：優遇流通業者との限定契約。高価格品に多い。良好な関係が築ければ有利なビジネスが展開できる。
　・専属型：特定流通業者に専売権を与える方式。自動車、化粧品、ブランド品など。起業家にはやや縁が薄い取引。

◆ 「管理形態」面での分類
　・直営型：直営販売店ネット。起業家には縁が薄い取引。
　・ＦＣ型：フランチャイジー（加盟店）に経営権を付与。コンビニなど。ＦＣで開業する起業家は要検討。
　・管理型：チャネルキャプテンの下で緩やかに統合管理。一般の起業家には縁が薄い取引。

12 具体的な売上の目標値を決める

　商品戦略、価格戦略、販促戦略、流通戦略の検討を経て、具体的な売上の目標値を決めます。

　中期計画の期間は3～5年が一般的ですが、本書では3年としています。世の中の変化のスピードが非常に速くなっていて、5年先まで見通すことが難しくなっていることが一因です。起業家の場合は、さらに先を見通すのが難しいことから、中期計画は3年くらいが妥当と言えます。

　1年目は月別に作成します。2年目、3年目は年別で十分なケースが大半ですが、月ごと、4半期ごとに数字が大きく振れることが予想されるビジネスの場合は、2、3年目も月別の作成が必要になります。

　売上の目標値は達成が可能な数字を設定してください。事業計画書を見た銀行や融資機関の人が「真剣に考えているな」と思う現実的な数値である必要があるからです。

◆売上高

　まず売上目標を作ります。右表のように商品ごとに数値の積み上げ予想を行います。一般的には単価×数量となりますが、商品によっては次のような算式を用います。

①設備の生産能力×設備数：部品製造業、印刷業、運送業など
②面積あたりの売上高×売場面積：食品・日用品小売など
③客単価×席数×回転数：飲食、理容、美容業など
④1人あたり売上高×従業員数：自動車販売、化粧品販売など

◆原価

　一般的には売上高×原価率で計算します。原価率は業種や商品によって異なります。業界平均値をもとに自社の考え方を加味してください。

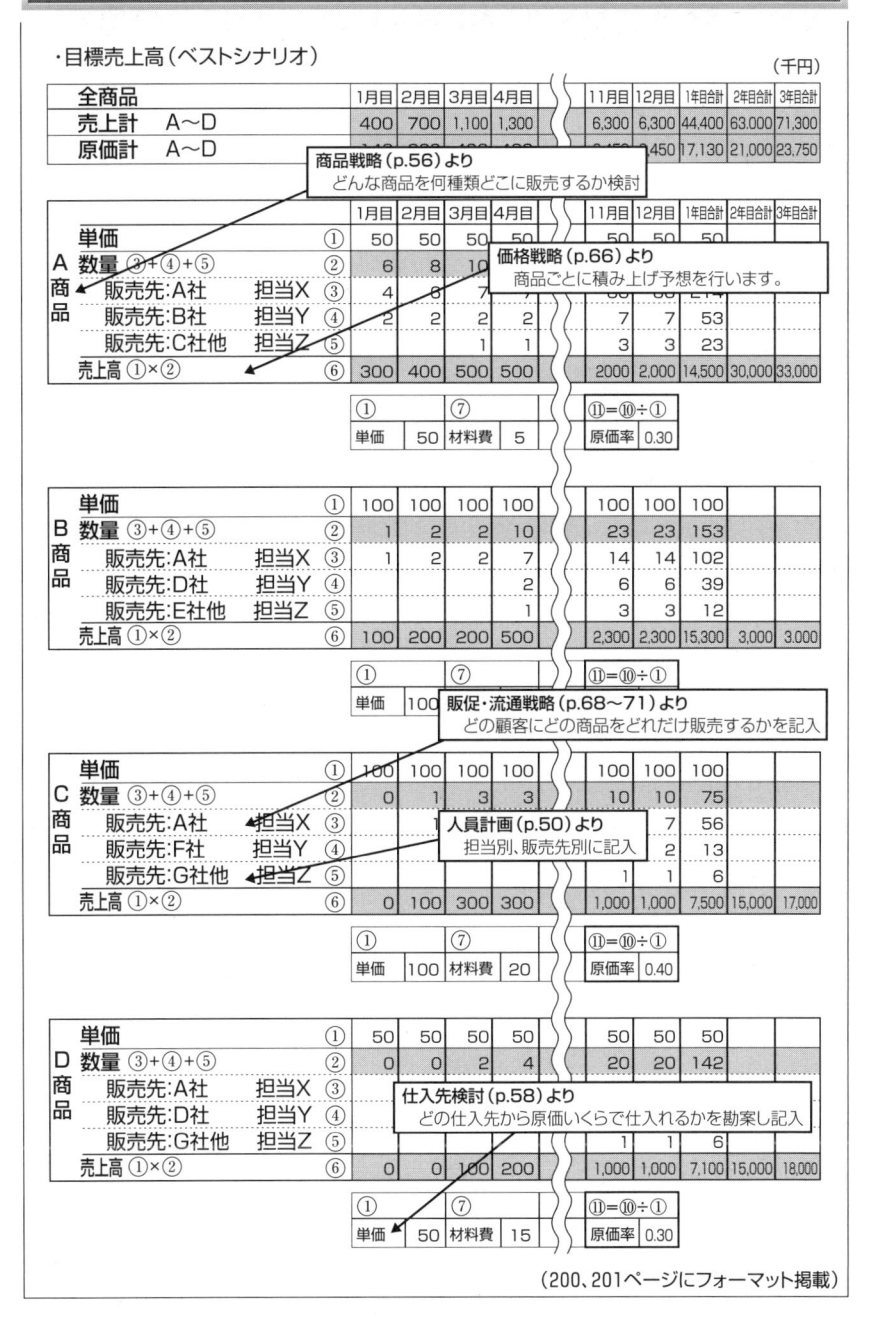

フォーマット16　目標売上計画表

・目標売上高（ベストシナリオ）　　　　　　　　　　　　　　　　　　　（千円）

全商品			1月目	2月目	3月目	4月目	〜	11月目	12月目	1年目合計	2年目合計	3年目合計
売上計	A〜D		400	700	1,100	1,300		6,300	6,300	44,400	63,000	71,300
原価計	A〜D								3,450	17,130	21,000	23,750

商品戦略（p.56）より
どんな商品を何種類どこに販売するか検討

A商品				1月目	2月目	3月目	4月目	〜	11月目	12月目	1年目合計	2年目合計	3年目合計
	単価		①	50	50	50	50		50	50	50		
	数量 ③+④+⑤		②	6	8	10							
	販売先:A社	担当X	③	4	6	7					214		
	販売先:B社	担当Y	④	2	2	2			7	7	53		
	販売先:C社他	担当Z	⑤			1	1		3	3	23		
	売上高 ①×②		⑥	300	400	500	500		2,000	2,000	14,500	30,000	33,000

	①		⑦			⑪=⑩÷①	
	単価	50	材料費	5		原価率	0.30

価格戦略（p.66）より
商品ごとに積み上げ予想を行います。

B商品				1月目	2月目	3月目	4月目	〜	11月目	12月目	1年目合計	2年目合計	3年目合計
	単価		①	100	100	100	100		100	100	100		
	数量 ③+④+⑤		②	1	2	2	10		23	23	153		
	販売先:A社	担当X	③	1	2	2	7		14	14	102		
	販売先:D社	担当Y	④				2		6	6	39		
	販売先:E社他	担当Z	⑤				1		3	3	12		
	売上高 ①×②		⑥	100	200	200	500		2,300	2,300	15,300	3,000	3.000

	①		⑦			⑪=⑩÷①	
	単価	100					

販促・流通戦略（p.68〜71）より
どの顧客にどの商品をどれだけ販売するかを記入

C商品				1月目	2月目	3月目	4月目	〜	11月目	12月目	1年目合計	2年目合計	3年目合計
	単価		①	100	100	100	100		100	100	100		
	数量 ③+④+⑤		②	0	1	3	3		10	10	75		
	販売先:A社	担当X	③		1	2	3		7	7	56		
	販売先:F社	担当Y	④			1			2	2	13		
	販売先:G社他	担当Z	⑤						1	1	6		
	売上高 ①×②		⑥	0	100	300	300		1,000	1,000	7,500	15,000	17,000

	①		⑦			⑪=⑩÷①	
	単価	100	材料費	20		原価率	0.40

人員計画（p.50）より
担当別、販売先別に記入

D商品				1月目	2月目	3月目	4月目	〜	11月目	12月目	1年目合計	2年目合計	3年目合計
	単価		①	50	50	50	50		50	50	50		
	数量 ③+④+⑤		②	0	0	2	4		20	20	142		
	販売先:A社	担当X	③										
	販売先:D社	担当Y	④										
	販売先:G社他	担当Z	⑤						1	1	6		
	売上高 ①×②		⑥	0	0	100	200		1,000	1,000	7,100	15,000	18,000

	①		⑦			⑪=⑩÷①	
	単価	50	材料費	15		原価率	0.30

仕入先検討（p.58）より
どの仕入先から原価いくらで仕入れるかを勘案し記入

（200、201ページにフォーマット掲載）

13 様々なシナリオを検討し売上目標を固める

　起業時は、とかく甘い見通しを立てがちです。特に売上計画は希望的観測から楽観的な計画を作成する人が少なくありません。売上計画を立てたら、周囲の関係者にも見てもらい、より現実的な案に落とし込んでいってください。

　起業前に複数の顧客の見通しがついていれば、その売上計画はかなり成功の確度が高いと言えます。しかし、売上計画が単に机上の案である場合は、当初作ったベストシナリオの半分の売上まで落としたワーストシナリオを作成し、このワーストシナリオをむしろ現実案として採用するくらいが妥当です。

　右図の例では、A商品からD商品まで4商品を扱う想定になっています。それぞれの商品を販売先別にきちんと予測することが重要です。「二八の法則：上位2割の販売先で8割の売上を占める」と予想すれば、販売先は例のように数社あげるだけで十分なケースが大半です。

　利益率の高い商品を優先的に販売するのが当然の策ですから、例の場合ですとA商品とD商品をより多く売る計画を立てる必要があります。

　業種業態にもよりますが、多くの商品・サービスを扱う事業の場合には、このような積み上げ予測をもとに売上計画を立てます。営業マン別や販売ルート別に予測を行うこともポイントです。特に多数の商品を扱う事業の場合は、後述のピボットテーブルも使って様々な角度から計画を検討し、精度を上げるよう努めてください。

　この売上計画を策定し、見直す過程に、社員や協力者、仕入先も巻き込むことができれば、関係者の一体感の醸成にもつながります。つまり、売上計画の検討・立案がさらに大きな意味を持つことにもなるわけです。

目標売上計画表（修正後）

・目標売上高（ワーストシナリオ）　　　　　立ち上がりの苦戦やシーズン性も考慮

(千円)

全商品		1月目	2月目	3月目	4月目		11月目	12月目	1年目合計	2年目合計	3年目合計
売上計	A〜D			300	500		6,300	6,000	27,200	63,000	71,300
原価計	A〜D			90	170		2,000	2,300	10,230	21,000	23,750

			1月目	2月目	3月目	4月目		11月目	12月目	1年目合計	2年目合計	3年目合計
A商品	単価	①	50	50	50	50		50	50			
	数量 ③+④+⑤	②			6	8		40	40	210		
	販売先:A社　担当X	③			4	6		30	30	154		
	販売先:B社　担当Y	④			2	2		7	7	39		
	販売先:C社他　担当Z	⑤						3	3	17		
	売上高 ①×②	⑥			300	400		2,000	2,000	10,500	30,000	33,000

①		⑦			⑪=⑩÷①	
単価	50	材料費	5		原価率	0.30

			1月目	2月目	3月目	4月目		11月目	12月目	1年目合計	2年目合計	3年目合計
B商品	単価	①	100	100	100	100		100	100	100		
	数量 ③+④+⑤	②				1		20	20	81		
	販売先:A社　担当X	③				1		14	14	60		
	販売先:D社　担当Y	④						6	6	21		
	販売先:E社他　担当Z	⑤										
	売上高 ①×②	⑥				100		2,000	2,000	8,100	3,000	3,300

①		⑦			⑪=⑩÷①	
単価	100	材料費	20		原価率	0.50

			1月目	2月目	3月目	4月目		11月目	12月目	1年目合計	2年目合計	3年目合計
C商品	単価	①	100	100	100	100		100	100	100		
	数量 ③+④+⑤	②						10	10	45		
	販売先:A社　担当X	③						7	7	35		
	販売先:F社　担当Y	④						2	2	7		
	販売先:G社他　担当Z	⑤						1	1	3		
	売上高 ①×②	⑥						1,000	1,000	4,500	15,000	17,000

①		⑦			⑪=⑩÷①	
単価	100	材料費	20		原価率	0.40

			1月目	2月目	3月目	4月目		11月目	12月目	1年目合計	2年目合計	3年目合計
D商品	単価	①	50	50	50	50		50	50	50		
	数量 ③+④+⑤	②						20	20	82		
	販売先:A社　担当X	③						14	14	60		
	販売先:D社　担当Y	④						5	5	19		
	販売先:G社他　担当Z	⑤						1	1	3		
	売上高 ①×②	⑥						1,000	1,000	4,100	15,000	18,000

①		⑦			⑪=⑩÷①	
単価	50	材料費	6		原価率	0.30

第4章
中期収支計画を立てる

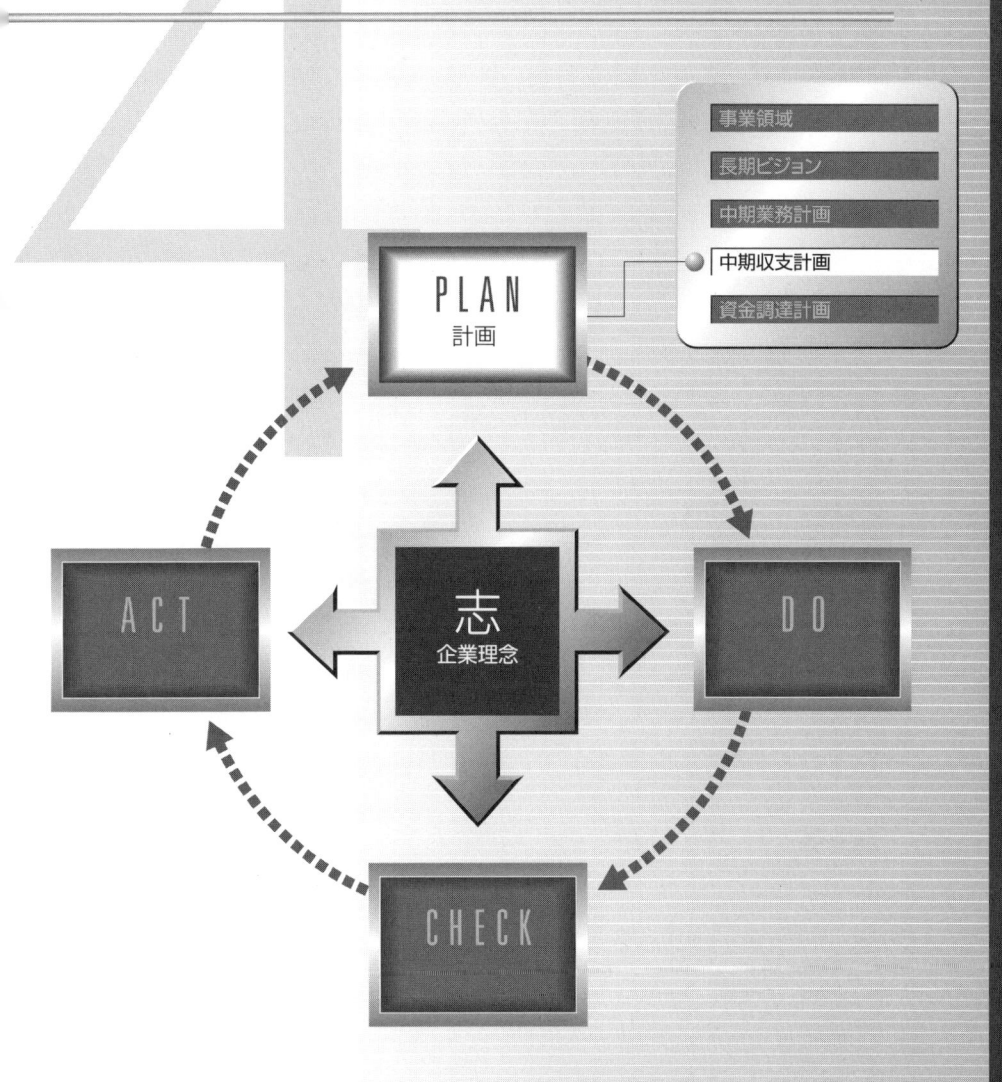

- 事業領域
- 長期ビジョン
- 中期業務計画
- 中期収支計画
- 資金調達計画

PLAN 計画

ACT

DO

志 企業理念

CHECK

1 目標 P/L 作成の考え方

　中期収支計画として、3 年間分の P/L、B/S、C/F を作ります。1 年目は年度予算を兼ねるため、月別に策定します。目標 P/L (profit and loss statement：損益計算書) では、損益分岐点を把握するために経費は変動費と固定費に分けて作ることがポイントです。

　右図の例では、変動費に販促費を計上してあります。売上に比例して広告費が増えるという想定です。固定費では、役員報酬が当初は大きな比率を占めると思いますので、その金額はよく検討してください。

◆役員報酬

　毎期前に新決算期の損益を予測し、役員報酬を決めて毎月同額を支払うように計画します。利益が増えたり減ったりしたからといって期中に増減すると税務署の指摘を受けます。計画上、利益が見込めない場合は役員報酬をゼロとする必要も生じます。それでも自分自身の家計が持ち堪えられるか検討しておくことが必要です。

◆社会保険

　社会保険料は金額もかさみますから当初からきちんと積み上げ計算を行ってください。従業員を雇う場合、必須の費用となります。身内だけで起業する同族会社の場合、あえて保険料が安い国民健康保険と国民年金に加入している例もありますが、これは違法です。

◆販促費

　起業家が悩むのは販促費です。特に自社の商品をお客様に PR する費用は業種業態によっては大きな金額になります。例えば、1 万通の DM を出すと印刷・郵送費用は数百万円となります。引き合いは、せいぜい数件でしょうから、それだけで成り立つような高額な商品でないとペイしないことにもなります。対費用効果を考えて、計画を立てることが重要です。

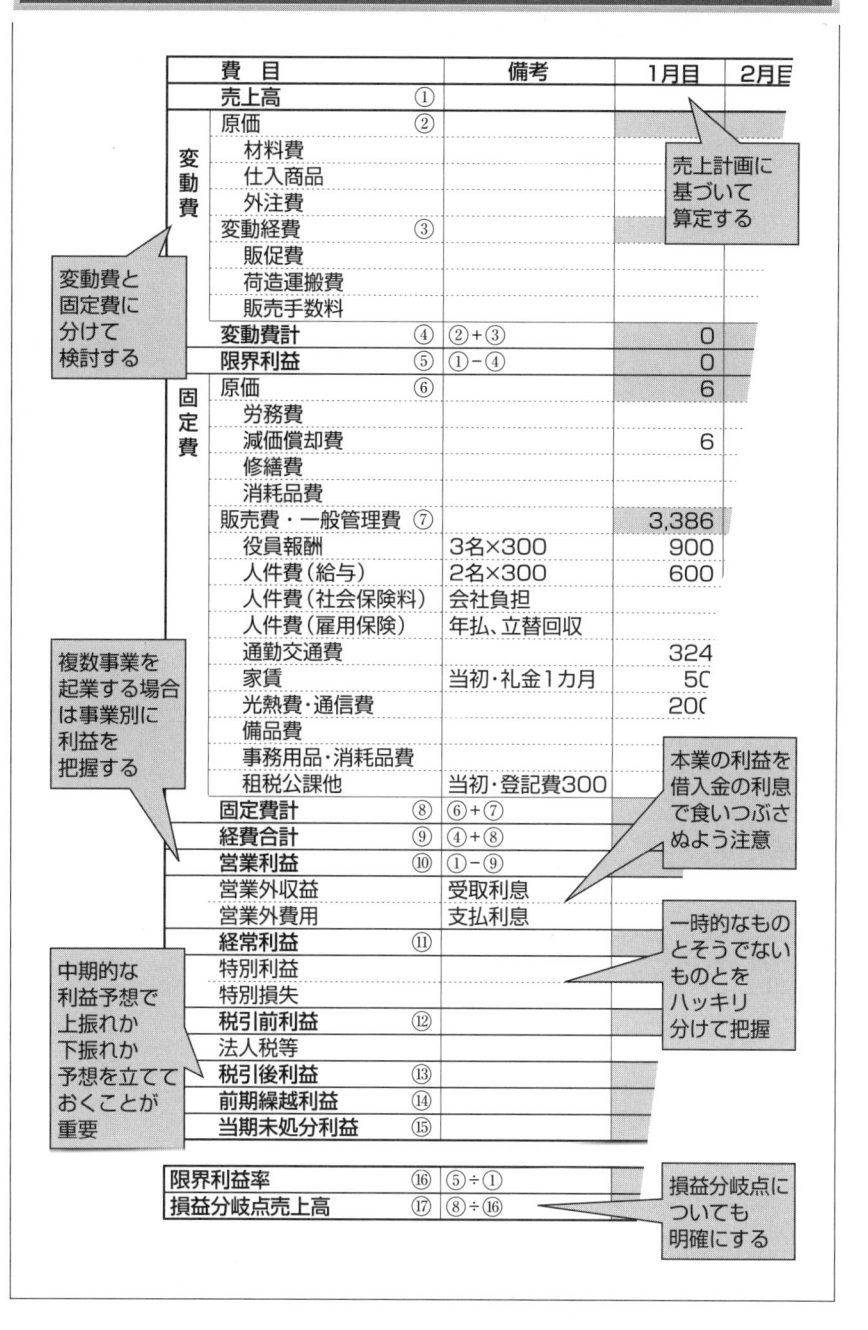

目標P／Lシート作成の考え方

	費 目		備考	1月目	2月目
	売上高	①			
変動費	原価	②			
	材料費				
	仕入商品				
	外注費				
	変動経費	③			
	販促費				
	荷造運搬費				
	販売手数料				
	変動費計	④	②+③	0	
	限界利益	⑤	①-④	0	
固定費	原価	⑥		6	
	労務費				
	減価償却費			6	
	修繕費				
	消耗品費				
	販売費・一般管理費	⑦		3,386	
	役員報酬		3名×300	900	
	人件費（給与）		2名×300	600	
	人件費（社会保険料）		会社負担		
	人件費（雇用保険）		年払、立替回収		
	通勤交通費			324	
	家賃		当初・礼金1カ月	50	
	光熱費・通信費			200	
	備品費				
	事務用品・消耗品費				
	租税公課他		当初・登記費300		
	固定費計	⑧	⑥+⑦		
	経費合計	⑨	④+⑧		
	営業利益	⑩	①-⑨		
	営業外収益		受取利息		
	営業外費用		支払利息		
	経常利益	⑪			
	特別利益				
	特別損失				
	税引前利益	⑫			
	法人税等				
	税引後利益	⑬			
	前期繰越利益	⑭			
	当期未処分利益	⑮			
	限界利益率	⑯	⑤÷①		
	損益分岐点売上高	⑰	⑧÷⑯		

- 変動費と固定費に分けて検討する
- 複数事業を起業する場合は事業別に利益を把握する
- 中期的な利益予想で上振れか下振れか予想を立てておくことが重要
- 売上計画に基づいて算定する
- 本業の利益を借入金の利息で食いつぶさぬよう注意
- 一時的なものとそうでないものとをハッキリ分けて把握
- 損益分岐点についても明確にする

第4章▷中期収支計画を立てる

フォーマット17　目標P／Lシート（対策前）

	費　目		備考	1月目	2月目	3月目	4月目	5月目	6月目
	売上高	①				300	500	800	1,100
変動費	原価	②				90	170	290	400
	材料費								
	仕入商品								
	外注費								
	変動経費	③				30	50	80	110	130
	販促費					30	50	80	110	130
	荷造運搬費								
	販売手数料								
	変動費計	④	②＋③			30	140	250	400	530
	限界利益	⑤	①−④			−30	160	250	400	570
固定費	原価	⑥		6	6	6	6	6	6
	労務費								
	減価償却費			6	6	6	6	6	6
	修繕費								
	消耗品費								
	販売費・一般管理費	⑦		3,386	1,865	1,865	1,865	1,865	1,865
	役員報酬		3名×300	900	900	900	900	900	900
	人件費（給与）		2名×300	600	600	600	600	600	600
	人件費（社会保険料）		会社負担		82	82	82	82	82
	人件費（雇用保険）		年払、立替回収	324	−9	−9	−9	−9	−9
	通勤交通費			50	50	50	50	50	50
	家賃		当初・礼金1カ月	200	100	100	100	100	100
	光熱費・通信費			35	35	35	35	35	35
	備品費			970					
	事務用品・消耗品費			7	7	7	7	7	7
	租税公課他		当初・登記費300	300	100	100	100	100	100
	固定費計	⑧	⑥＋⑦	3,392	1,871	1,871	1,871	1,871	1,871
	経費合計	⑨	④＋⑧	3,392	1,901	2,011	2,121	2,271	2,401
	営業利益	⑩	①−⑨	−3,392	−1,901	−1,711	−1,621	−1,471	−1,301
	営業外収益		受取利息						
	営業外費用		支払利息						
	経常利益	⑪		−3,392	−1,901	−1,711	−1,621	−1,471	−1,301
	特別利益								
	特別損失								
	税引前利益	⑫		−3,392	−1,901	−1,711	−1,621	−1,471	−1,301
	法人税等								120
	税引後利益	⑬		−3,392	−1,901	−1,711	−1,621	−1,471	−1,421
	前期繰越利益	⑭							
	当期未処分利益	⑮							

費　目		備考	1月目	2月目	3月目	4月目	5月目	6月目
限界利益率	⑯	⑤÷①			0.53	0.50	0.50	0.52
損益分岐点売上高	⑰	⑧÷⑯			3,508	3,742	3,742	3,611

（千円）

7月目	8月目	9月目	10月目	11月目	12月目	1年目計	2年目計	3年目計
1,300	1,700	3,500	6,000	6,000	6,000	27,200	63,000	71,300
480	600	1,300	2,300	2,300	2,300	10,230	21,000	23,750
170	350	600	600	600	600	3,320	6,500	7,300
170	350	600	600	600	600	3,320	6,500	7,300
650	950	1,900	2,900	2,900	2,900	13,550	27,500	31,050
650	750	1,600	3,100	3,100	3,100	13,650	35,500	40,250
6	6	6	6	6	6	72	72	72
6	6	6	6	6	6	72	72	72
1,865	1,865	1,865	1,865	1,865	1,865	23,901	22,913	22,913
900	900	900	900	900	900	10,800	10,800	10,800
600	600	600	600	600	600	7,200	7,200	7,200
82	82	82	82	82	82	902	984	984
−9	−9	−9	−9	−9	−9	225	225	225
50	50	50	50	50	50	600	600	600
100	100	100	100	100	100	1,300	1,200	1,200
35	35	35	35	35	35	420	420	420
						970	200	200
7	7	7	7	7	7	84	84	84
100	100	100	100	100	100	1,400	1,200	1,200
1,871	1,871	1,871	1,871	1,871	1,871	23,973	22,988	22,985
2,521	2,521	3,771	4,771	4,771	4,771	37,523	50,485	54,035
−1,221	−1,121	−271	1,229	1,229	1,229	−10,323	12,515	17,265
−1,221	−1,121	−271	1,229	1,229	1,229	−10,323	12,515	17,265
−1,221	−1,121	−271	1,229	1,229	1,229	−10,323	12,515	17,265
					150	270	3,400	5,800
−1,221	−1,121	−271	1,229	1,229	1,079	−10,593	9,115	11,465
							−10,593	−1,478
						−10,593	−1,478	9,987
0.50	0.44	0.46	0.52	0.52	0.52	0.50	0.56	0.56
3,742	4,241	4,093	3,621	3,621	3,621	47,770	40,790	40,716

（202、203ページにフォーマット掲載）

2 損益分岐点分析で変動費と固定費を考える

　目標P/Lを作る場合、損益分岐点分析は欠かせません。損益分岐点分析の結果を事業計画書の資料の1つとして加えるようにしてください。
　右図の通り、売上高が総費用（変動費＋固定費）をカバーしてはじめて損益トントンになります。これが損益分岐点です。売上高がいくらになれば利益が出るのかを見るのが損益分岐点分析です。売上を最大に、変動費を定率かつ最小に、固定費を最小にするように計画することが大切です。

　変動費とは次のものを言います。
◆**原価（仕入高）**：原材料費、仕入商品費、外注加工費
◆**変動経費**：販売手数料、荷造運搬費、販促費
　特にネット販売業では販促費が多額になりがちです。安易に従来型の広告を実施する前に、インターネットを活用したITマーケティングなど、新しい安価な販促手段も考慮してください。

　固定費とは次のものを言います。
◆**原価**：労務費、減価償却費、修繕費、消耗品費など
◆**販売費・一般管理費**：人件費、広告宣伝費、減価償却費、交通費など
　企画関連の頭脳的費用は削れませんので、オフィス費用や設備費などを徹底的に抑制しましょう。
　損益分岐点以上の売上が困難ならば、原価を下げるしかありません。変動費の原価を下げるか、固定費の原価を下げるか、いずれかです。起業後も絶えずチェックして、引き下げる努力が必要です。

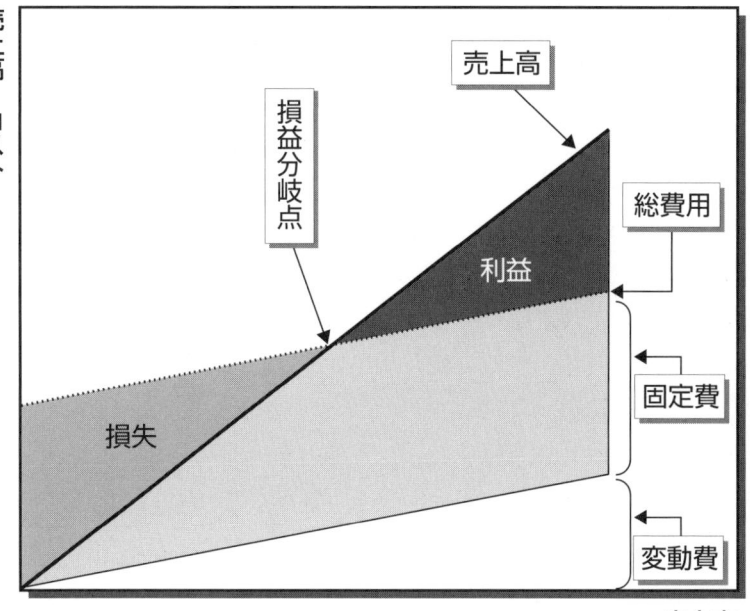

損益分岐点分析

縦軸: 売上高・コスト
横軸: 売上高

グラフ内ラベル: 売上高、損益分岐点、総費用、利益、固定費、変動費、損失

◆80ページの例の場合

項目		1年目	2年目	3年目
変動費比率	変動費÷売上高	50%	44%	44%
限界利益率	(売上高−変動費)÷売上高	50%	56%	56%
固定費比率	固定費÷売上高	88%	36%	32%
損益分岐点売上高	固定費÷限界利益率	48百万円	41百万円	41百万円
損益分岐点比率	損益分岐点売上高÷売上高	176%	65%	57%

3　目標 C/F に最も注意する

　起業時は、特に目標 C/F（cash flow statement キャッシュフロー計算書）に注意が必要です。なぜならば、事業の血液であるキャッシュ（現金や預金）のフロー（流れ）を見るのが目標 C/F 表だからです。
目標 P/L 上で赤字になることは大問題ではないのですが、目標 C/F 上で赤字、すなわち現金がなくなれば支払いができず、事業経営は即破綻です。P/L 上で利益が出ていても、売掛金の回収ができなければこれもアウトです。「勘定合って銭足らず」となってしまいます。

　前述しましたが、起業直後は、仕入の支払いは現金を要求され、売上の入金は手形や先延ばしの掛け入金を余儀なくされます。起業直後で資金繰りが苦しいことを顧客に率直に伝え、極力現金での速やかな決済をお願いするべきです。

　税金も C/F に影響が出てくる項目です。利益が出れば利益金額の30〜40％もの高率の税金がかかり、納税のために借入をしなければならない例もあるくらいです。

　減価償却費は P/L では費用として落としますが、C/F では現金の支払いは発生しませんから清算・加算されます。C/F 上資金ショートが生じないように、あらかじめ正確な積み上げ計算が求められます。

　C/F では①営業 C/F、②投資 C/F、③財務 C/F の３つの項目における C/F の現在額及び増減額が示されます。営業 C/F は黒字が普通で、投資 C/F は赤字が普通です。両者を合わせたフリー C/F が黒字であれば良いのですが、創業期は投資がかさんで赤字になってしまいます。

　86、87ページの目標 C/F の例では、５カ月目で資金ショートになっています。したがって、借入など何らかの資金調達対策が必要になります。

「勘定合って銭足らず」

キャッシュフロー　　　　　　損益計算書

事例A　現金で仕入れて現金で売る

収入	15万円
支出	10万円
現金	5万円

収益	15万円
費用	10万円
利益	5万円

事例B　掛けで仕入れて現金で売る

収入	15万円
支出	0万円
現金	15万円

収益	15万円
費用	10万円
利益	5万円

事例C　現金で仕入れて掛けで売る

収入	0万円
支出	10万円
現金	−10万円

収益	15万円
費用	10万円
利益	5万円

事例D　掛けで仕入れて掛けで売る

収入	0万円
支出	0万円
現金	0万円

収益	15万円
費用	10万円
利益	5万円

フォーマット18　目標C／Fシート（対策前）

費目			備考	1月目	2月目	3月目	4月目	5月目	6月目
	期首資金残高	①		10,000	6,153	4,257	2,341	605	-1,041
	売上高	②	翌月入金				300	500	800
変動費	原価		翌月支払				90	170	290
	変動経費				30	50	80	110	130
	変動費計	③			30	50	170	280	420
固定費	原価	④		6	6	6	6	6	6
	労務費								
	減価償却費		高機能プリンタ 360千円を5年償却	6	6	6	6	6	6
	修繕費・消耗								
	販売費・一般管理費	⑤		3,386	1,865	1,865	1,865	1,865	1,865
	役員報酬		3名×300	900	900	900	900	900	900
	人件費（給与）		2名×300	600	600	600	600	600	600
	人件費（社会保険料）		会社負担		82	82	82	82	82
	人件費（雇用保険）		年払、立替回収	324	-9	-9	-9	-9	-9
	通勤交通費			50	50	50	50	50	50
	家賃		当初・礼金1カ月	200	100	100	100	100	100
	光熱費・通信費			35	35	35	35	35	35
	備品費			970					
	事務用品・消耗品費			7	7	7	7	7	7
	租税公課他		当初・登記費300	300	100	100	100	100	100
	固定費計	⑥		3,392	1,871	1,871	1,871	1,871	1,871
	経費合計	⑦		3,392	1,901	1,921	2,041	2,151	2,291
	営業利益	⑧		-3,392	-1,901	-1,921	-1,741	-1,651	-1,491
	営業外収益								
	営業外費用								
	経常利益	⑨		-3,392	-1,901	-1,921	-1,741	-1,651	-1,491
	特別利益		受取利息						
	特別損失		支払利息						
	税引前利益	⑩		-3,392	-1,901	-1,921	-1,741	-1,651	-1,491
	法人税等								120
	税引後利益	⑪		-3,392	-1,901	-1,921	高機能プリンタ:360千円		
	減価償却費調整	⑫		5	5				
	営業C／F	⑬	⑪-⑫	-3,387	-1,896	-1,916	-1,736	-1,646	-1,606
	固定資産の取得・売却			-360					
	その他		敷金:100千円	-100					
	投資C／F	⑭		-460					
	フリーC／F	⑮	⑬+⑭	-3,847	-1,896	-1,916	-1,736	-1,646	-1,606
	消費税負担額	⑯							
	借入金返済	⑰							
	借入金または増資	⑱					要対策		
	財務C／F	⑲	⑱-⑯-⑰						
	期末資金残高	⑳	①+⑮+⑲	6,153	4,257	2,341	605	-1,041	-2,647

（千円）

7月目	8月目	9月目	10月目	11月目	12月目	1年目計	2年目計	3年目計
−2,647	−3,983	−5,379	−6,745	−7,011	−5,777	10,000	−4,543	6,182
1,100	1,300	1,710	3,500	6,000	6,000	21,200	63,000	71,300
400	480	600	1,300	2,300	2,300	7,930	21,000	23,750
170	350	600	600	600	600	3,320	6,500	7,300
570	830	1,200	1,900	2,900	2,900	11,250	27,500	31,050
6	6	6	6	6	6	72	72	72
6	6	6	6	6	6	72	72	72
1,865	1,865	1,865	1,865	1,865	1,865	23,901	22,913	22,913
900	900	900	900	900	900	10,800	10,800	10,800
600	600	600	600	600	600	7,200	7,200	7,200
82	82	82	82	82	82	902	984	984
−9	−9	−9	−9	−9	−9	225	225	225
50	50	50	50	50	50	600	600	600
100	100	100	100	100	100	1,300	1,200	1,200
35	35	35	35	35	35	420	420	420
						970	200	200
7	7	7	7	7	7	84	84	84
100	100	100	100	100	100	1,400	1,200	1,200
1,871	1,871	1,871	1,871	1,871	1,871	23,973	22,985	22,985
2,441	2,701	3,071	3,771	4,771	4,771	35,223	50,485	54,035
−1,341	−1,401	−1,371	−271	1,229	1,229	−14,023	12,515	17,265
−1,341	−1,401	−1,371	−271	1,229	1,229	−14,023	12,515	17,265
−1,341	−1,401	−1,371	−271	1,229	1,229	−14,023	12,515	17,265
						120	1,850	4,600
−1,341	−1,401	−1,371	−271	1,229	1,229	−14,143	10,665	16,265
5	5	5	5	5	5	60	60	60
−1,336	−1,396	−1,366	−268	1,234	1,234	−14,083	10,726	12,725
						−360		
						−100		
						−460		
−1,336	−1,396	−1,366	−266	1,234	1,234	−14,543	10,725	12,725
−3,983	−5,379	−6,745	−7,011	−5,777	−4,543	−4,543	6,182	18,907

（204、205ページにフォーマット掲載）

4　現実に即して目標 C/F を修正する

　目標 C/F については、できるかぎり詳細な積み上げ計算が必要です。C/F 上赤字になってしまえば、資金ショートで即アウトだからです。例でも、5 カ月目で資金がショートし、資金対策が必要になります。
　この例では、まず経費の削減・見直しを行いました。絞れる経費は可能な限り絞り、役員報酬のカット、備品を中古に切り替え（中古品でも良いものはたくさんあります）を行いました。
　それでも資金ショートが避けられないため、国民生活金融公庫から融資を仰ぐ計画に C/F を変更しています。自己資金が半分以上あれば同額を無担保・無保証で借入ができる特別制度を活用し、融資を得る計画に C/F を修正しました。これらの資金対策によって資金ショートを防ぐ計画になったわけです。
　起業後も C/F の見直しを決算ごとに行い、同じく資金ショートが予想されるに至った場合は、国民生活金融公庫などから運転資金の融資を仰ぐ必要が生じます。
　公庫の運転資金の融資も、起業後は P/L 上、黒字であることや、2 期以上の決算を終えていること、当初計画を上回る売上を達成していることなど、条件が若干厳しくなりますから、融資を受けられるのは創業時だけだと理解したほうが良いでしょう。仮に起業後に借入ができた場合でも、調達が長期化すれば財務 C/F の赤字が続き、財務体質の悪化を招くことになります。
　起業家が事業計画を作るにあたって、目標 C/F が非常に重要であることがおわかりいただけたと思います。

目標C／Fシートの見方

費目		備考	1月目
	期首資金残高 ①		10,000
	売上高 ②	翌月入金	
変動費	原価	翌月支払	
	変動経費		
	変動費計 ③		
固定費	原価 ④		6
	労務費		
	減価償却費		6
	修繕費・消耗品費		
	販売費・一般管理費 ⑤		2,316
	役員報酬	3名×300	300
	人件費（給与）	2名×300	600
	人件費（社会保険料）	会社負担	
	人件費（雇用保険）	年払、立替回収	324
	通勤交通費		50
	家賃	当初・礼金1カ月	200
	光熱費・通信費		35
	備品費		500
	事務用品・消耗品費		7
	租税公課他	当初・登記費300	300
	固定費計 ⑥		-2,322
	経費合計 ⑦		-2,322
	営業利益 ⑧		-2,322
	営業外収益	受取利息	
	営業外費用	支払利息	
	経常利益 ⑨		-2,322
	特別利益		
	特別損失		
	税引前利益 ⑩		-2,322
	法人税等		
	税引後利益 ⑪	黒字が普通	-2,322
	減価償却費調整 ⑫		6
	営業C／F ⑬	⑪－⑫	-2,316
	固定資産の取得・売却	赤字が普通	-360
	その他		-100
	投資C／F ⑭		-460
	フリーC／F ⑮	⑬＋⑭	-2,776
	消費税負担額 ⑯		
	借入金返済 ⑰		
	借入金または増資 ⑱		
	財務C／F ⑲	⑱－⑯－⑰	
	期末資金残高 ⑳	①＋⑮＋⑲	7,224

本業でどれだけキャッシュを稼いだかを示す

投資やその回収でキャッシュが増えたか減ったかを示す

借入や返済でキャッシュが増えたか減ったかを示す

借入金返済にも数タイプあり相談するべし
1. 元金均等
2. 元利均等
3. ステップ返済
4. 季節変動返済

創業・成長期は投資がかさんで赤字に

C/Fの赤字は財務C/Fで補填

第4章▷中期収支計画を立てる

目標C／Fシート（対策後）

	費目		備考	1月目	2月目	3月目	4月目	5月目	6月目
	期首資金残高	①		10,000	7,224	5,929	4,614	3,479	5,434
	売上高	②	翌月入金				300	500	800
変動費	原価	※	翌月支払				90	170	290
	変動経費	※			30	50	80	110	130
	変動費計	③			30	50	170	280	420
固定費	原価	④		6	6	6	6	6	6
	労務費								
	減価償却費			6	6	6	6	6	6
	修繕費・消耗品費								
	販売費・一般管理費	⑤		2,316					1,265
	役員報酬	※	3名×300	300	300	300	300	300	300
	人件費（給与）	※	2名×300	600	600	600	600	600	600
	人件費（社会保険料）		会社負担		82	82	82	82	82
	人件費（雇用保険）		年払、立替回収	324	−9	−9	−9	−9	−9
	通勤交通費			50	50	50	50	50	50
	家賃	※	当初・礼金1カ月	200	100	100	100	100	100
	光熱費・通信費	※		35	35	35	35	35	35
	備品費			500					
	事務用品・消耗品費	※		7	7	7	7	7	7
	租税公課他		当初・登記費300	300	100	100	100	100	100
	固定費計	⑥		2,322	1,271	1,271	1,271	1,271	1,271
	経費合計	⑦		2,322	1,301	1,321	1,441	1,551	1,691
	営業利益	⑧		−2,322	−1,301	−1,321	−1,141	−1,051	−891
	営業外収益		受取利息						
	営業外費用		支払利息						
	経常利益	⑨		−2,322	−1,301	−1,321	−1,141	−1,051	−891
	特別利益								
	特別損失								
	税引前利益	⑩		−2,322	−1,301	−1,321	−1,141	−1,051	−891
	法人税等								120
	税引後利益	⑪		−2,322	−1,301	−1,321	−1,141	−1,051	−1,011
	減価償却費調整	⑫		6	6	6	6	6	6
	営業C／F	⑬	⑪−⑫	−2,316	−1,295	−1,315	−1,135	−1,045	−1,005
	固定資産の取得・売却			−360					
	その他			−100					
	投資C／F	⑭		−460					
	フリーC／F	⑮	⑬＋⑭	−2,776	−1,295	−1,315	−1,135	−1,045	−1,005
	消費税負担額	⑯							
	借入金返済	⑰							
	借入金または増資	⑱						3,000	
	財務C／F	⑲	⑱−⑯−⑰					3,000	
	期末資金残高	⑳	①＋⑮＋⑲	7,224	5,929	4,614	3,479	5,434	4,429

※：要検討費目例

（注）役員報酬2名分：初年度カット

対策後

（千円）

7月目	8月目	9月目	10月目	11月目	12月目	1年目計	2年目計	3年目計
4,429	3,694	2,899	2,134	2,469	4,304	10,000	6,084	16,161
1,100	1,300	1,700	3,500	6,000	6,000	21,200	63,000	71,300
400	480	600	1,300	2,300	2,300	7,930	21,000	23,750
170	350	600	600	600	600	3,320	6,500	7,300
570	830	1,200	1,900	2,900	2,900	11,250	27,500	31,050
6	6	6	6	6	6	72	72	72
6	6	6	6	6	6	72	72	72
1,265	1,265	1,265	1,265	1,265	1,265	16,231	22,913	22,913
300	300	300	300	300	300	3,600	10,800	10,800
600	600	600	600	600	600	7,200	7,200	7,200
82	82	82	82	82	82	902	984	984
−9	−9	−9	−9	−9	−9	225	225	225
50	50	50	50	50	50	600	600	600
100	100	100	100	100	100	1,300	1,200	1,200
35	35	35	35	35	35	420	420	420
						500	200	200
7	7	7	7	7	7	84	84	84
100	100	100	100	100	100	1,400	1,200	1,200
1,271	1,271	1,271	1,271	1,271	1,271	16,303	22,985	22,985
1,841	2,101	2,471	3,171	4,171	4,171	27,553	50,485	54,035
−741	−801	−771	329	1,829	1,829	−6,353	12,515	17,265
					5	5	60	60
−741	−801	−771	329	1,829	1,824	−6,358	12,455	17,205
−741	−801	−771	329	1,829	1,824	−6,358	12,455	17,205
						120	1,850	4,600
−741	−801	−771	329	1,829	1,824	−6,478	10,605	12,605
6	6	6	6	6	6	72	72	72
−735	−795	−765	335	1,835	1,830	−6,406	10,677	12,677
						−360		
						−100		
						−460		
−735	−795	−765	335	1,835	1,830	−6,866	10,677	12,677
					50	50	600	600
						3,000		
					−50	2,950	−600	−600
3,694	2,899	2,134	2,469	4,304	6,084	6,084	16,161	28,238

外部調達の長期化は財務体質悪化

国金借入：金利2％、6カ月据置、5年返済

5 目標 P/L を修正する

　資金ショート対策の後、目標 C/F が修正されましたので、これをもとに目標 P/L も例のように修正します。
　なお、法人税等の税額については次のように考えてください。

◆**法人税等**
　法人税の税率は2段階になっています。課税所得が800万円までは利益の22％、地方税を入れて30％超になります。地方税も定額部分と定率部分と2種類あります。利益が低い場合は定額部分の比率が大きくなります。利益が800万円を超える場合、税率は利益の40％超相当を見込んでください。

◆**消費税**
　もし企業が赤字であっても消費税は払わなければなりませんから、目標 P/L や目標 C/F には消費税を反映する必要があります。売上の5％と、人件費・減価償却費を除いた経費の5％の差額が消費税額になります。情報産業の場合、経費の大半が人件費ですからこの差額がかなり大きくなりますので注意が必要です。
　資本金1千万円までの企業なら1年目2年目は消費税の計上は不要とする場合もあり、消費税は無視して計画を策定しても良いケースも出てきます。

　法人税等は利益額によって年1～2回、消費税は年2～4回、決算後2カ月以内に納めることになります。利益額や業種業態によっては高額になりますから、C/F 上も注意が必要です。

目標P／Lシート（対策後）

(千円)

	費 目		備 考	1月目	2月目	3月目	4月目	5月目
変動費	売上高	①				300	500	800
	原価	②				90	170	290
	材料費							
	仕入商品							
	外注費							
	変動経費	③				30	50	80	110
	販促費					30	50	80	110
	荷造運搬費							
	販売手数料							
	変動費計	④	②＋③			30	140	250	400
	限界利益	⑤	①－④			−30	160	250	400
固定費	原価	⑥		6	6	6	6	6
	労務費							
	減価償却費			6	6	6	6	6
	修繕費							
	消耗品費							
	販売費・一般管理費	⑦		2,316	1,265	1,265	1,265	1,265
	役員報酬		3名×300	300	300	300	300	300
	人件費（給与）		2名×300	600	600	600	600	600
	人件費（社会保険料）		会社負担		82	82	82	82
	人件費（雇用保険）		年払、立替回収	324	−9	−9	−9	−9
	通勤交通費			50	50	50	50	50
	家賃		当初・礼金1カ月	200	100	100	100	100
	光熱費・通信費			35	35	35	35	35
	備品費			500				
	事務用品・消耗品費			7	7	7	7	7
	租税公課他		当初・登記費300	300	100	100	100	100
	固定費計	⑧	⑥＋⑦	2,322	1,271	1,271	1,271	1,271
	経費合計	⑨	④＋⑧	2,322	1,301	1,411	1,521	1,671
	営業利益	⑩	①－⑨	−2,322	−1,301	−1,111	−1,021	−871
	営業外収益		受取利息					
	営業外費用		支払利息					
	経常利益	⑪		−2,322	−1,301	−1,111	−1,021	−871
	特別利益							
	特別損失							
	税引前利益	⑫		−2,322	−1,301	−1,111	−1,021	−871
	法人税等							
	税引後利益	⑬		−2,322	−1,301	−1,111	−1,021	−871
	前期繰越利益	⑭						
	当期未処分利益	⑮						
	限界利益率	⑯	⑤÷①			0.53	0.50	0.50
	損益分岐点売上高	⑰	⑧÷⑯			2,383	2,542	2,542

（「役員報酬2名分：初年度カット」— 役員報酬 3名×300 に取消線）

6 最後に目標 B/S を作成する

　これまでに作った目標 P/L と目標 C/F をもとに目標 B/S（balance sheet　貸借対照表）を作成します。

　中期収支計画の一環として作成する財務諸表としては、目標 P/L、目標 B/S、目標 C/F の3表になります。融資を受ける場合、賛同者に協力を仰ぐ場合に事業計画書の一部として欠かせません。

　起業時に融資を受けるときの将来予想の説明には、P/L と C/F が重要になります。融資を受けた後、1年後、2年後にどうなっているか、を見るには B/S が重要になってきます。B/S で収益性、支払能力、未入金量、在庫の適正量、設備投資の過剰、設備投資への支払能力などがチェックできるからです。

◆資産

　経年の現預金の増減推移を見ることができます。売掛金が増加していれば回収が遅れていることを表し、貸付金があればどこに貸しているのかが示されます。

◆負債・資本

　例えば、起業1年後に借入金がどれくらいあるか、借入金がいつの段階でいくらになっているか、3年から5年で全額返済する予定であればその予定通りに進捗しているか、などが B/S でわかります。

　目標 B/S を作る際にも、上記のような内容をある程度までなら表現できますから、目標 B/S を作成すると起業後の会社の方向をより明確にすることができます。

　以上のように、目標 P/L、目標 B/S、目標 C/F の3諸表の作成をもって中期収支計画はおおむね完成します。

フォーマット19　目標B/Sシート（対策後）

借方　　　　　　　　　　　　　　　　　　　　（千円）

	費目		備考	1年目	2年目	3年目
流動資産	現金・預金・有価証券			6,084	16,161	28,238
	受取手形・売掛金			6,000	6,000	6,000
	棚卸資産					
	その他流動資産					
	計	①		12,084	22,161	34,238
固定資産	有形固定資産		建物・備品等	288	216	144
	無形固定資産		利用権、商標権			
	投資等			100	100	100
	計	②		388	316	244
借方合計 ①+②		③		12,472	22,477	34,482

- 期末資金残高
- 期末月売上 → 翌月入金　2年目、3年目も同額前提
- 高機能プリンタ：360千円を5年償却
- 敷金1カ月100千円

貸方

	費目		備考	1年目	2年目	3年目
流動負債	支払手形					
	買掛金			2,300	2,300	2,300
	短期借入金		1年未満			
	未払法人税			150	1,700	2,900
	その他流動負債					
	計	④		2,450	4,000	5,200
固定負債	長期借入金		1年以上	2,950	2,350	1,750
	長期未払金					
	その他固定負債					
	計	⑤		2,950	2,350	1,750
資本	資本金			10,000	10,000	10,000
	資本・利益準備金					
	利益積立金					
	当期未処分利益			-2,928	6,127	17,532
	計	⑥		7,072	16,127	27,532
貸方合計 ④+⑤+⑥		⑦		12,472	22,477	34,482

- 期末月仕入 → 翌月支払　2年目、3年目も同額前提
- 納税は年2回、納期は2カ月以内
- 国民生活金融公庫から300万円借入、6カ月据置、5年返済
- 資本金：10,000千円
- P/Lより

（206ページにフォーマット掲載）

第5章
資金調達計画を立てる

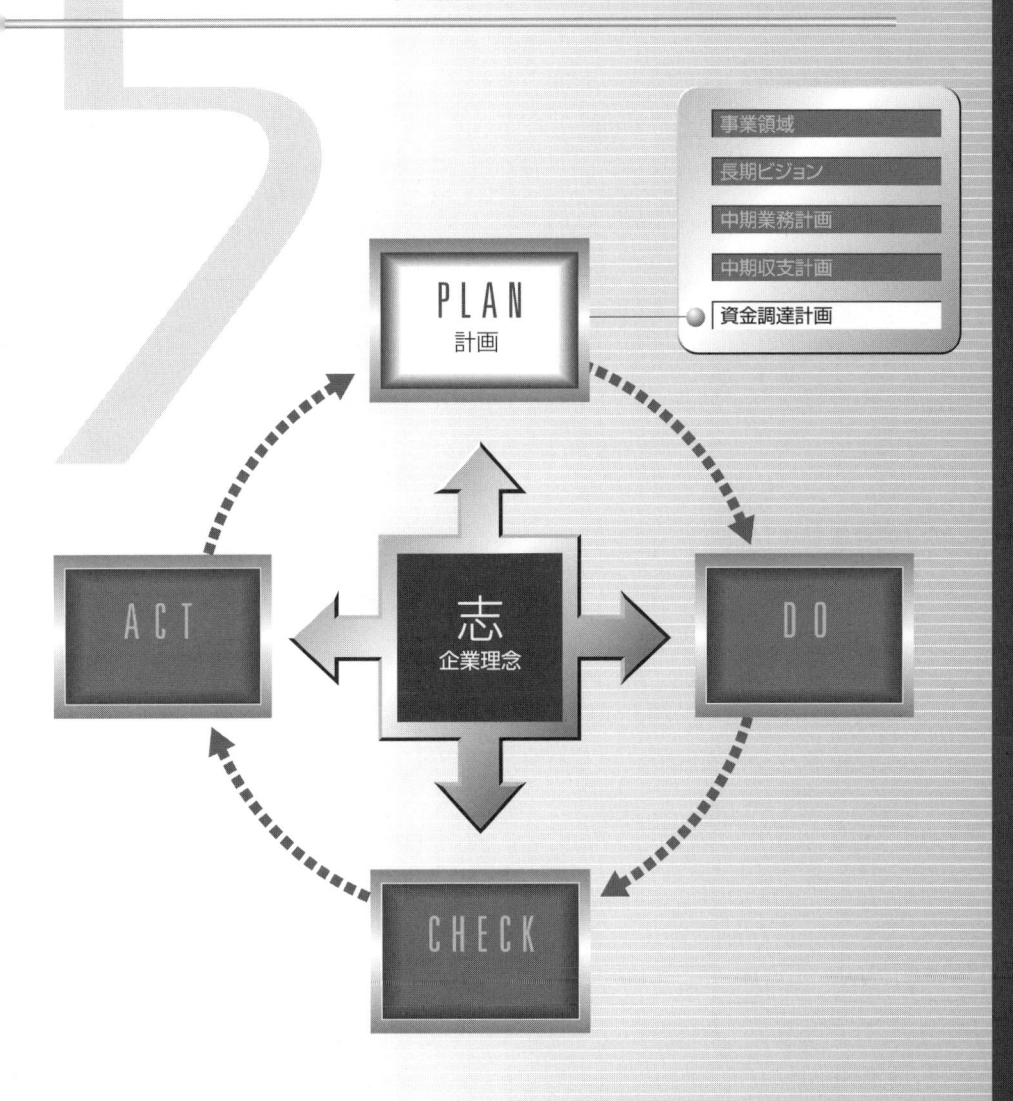

- 事業領域
- 長期ビジョン
- 中期業務計画
- 中期収支計画
- 資金調達計画

PLAN
計画

ACT

DO

CHECK

志
企業理念

1 資金調達の考え方とその順序

　売上計画から目標 P/L、目標 C/F まで検討した結果、必要な資金の額が見えてきたはずです。起業当初の必要資金が大きくなるのが起業家の場合の特徴です。自分の手元にどれだけの資金があるかを右図のように見積ることで、外部からの必要な資金調達額を割り出します。
　資金調達の考え方・順序は次の通りです。

①**自己資金を増やす**
　必要資金の３分の１から半分は自己資金を用意すべきです。

②**設備資金・運転資金を減らす**
　中古機器や、レンタル、リースを活用することで当初設備資金を減らす方法もあります。運転資金の多くを占めるのは人件費です。役員報酬がゼロでも持ち堪えられるならば、当初は無報酬でいくべきです。

③**資金を出してもらう**
　出資比率に注意してください。他人資金が多くなり過ぎると、経営トップとしての決定権を失います。

④**借りる**
　担保があるか、保証人がいるか、よくよく考えてください。親戚、知人から借りて人間関係を壊した例はいくらでもあります。

　出資を受けるのが先か、借りるのが先かはケースバイケースでしょう。上記の①〜④の方策を慎重に検討し、協力者の意見も聞いて資金計画をまとめてください。
　また、出資金も融資資金も他人のお金であり、いずれ配当金や返済金として返さなければならないお金であることは、肝に銘じておかねばなりません。

フォーマット20　資金調達検討表

資産明細		現在残高(万円)	備　考
預貯金等	預貯金	300	
	退職金	2,000	
有価証券	株	200	時価
	保険	50	解約可能額
動産	車	50	販売可能額
不動産	家		
合計	①	2,600	

考え方の順序 ↓

資本金	：自己資金	500		← 1. 増やす
	：他人資金・現物	500		
資金	：設備資金	500	店舗・事務所	← 2. 減らす
	：運転資金	500	仕入・人件費・販促	
事業投入額計	②	2,000		
借入	：公庫借入額	300	国民生活金融公庫	← 3. 出してもらう
	：親・兄弟・友人			
	：銀行・信金・信組		優れた事業計画のみ	← 4. 借りる
調達資金計	③	300		
差引手元資金	④	900	①−②＋③	

必要生活費	月平均金額	備　考
衣食費他	20	
家賃・ローン返済額等	15	
水道・光熱費・保険・医療費等	15	
合計　　⑤	50	

耐乏可能月数	18	④÷⑤

当初役員報酬ゼロでも持ち堪えられる月数
（207ページにフォーマット掲載）

第5章 ▷ 資金調達計画を立てる

2 資金調達の方法とその優先順位を知る

　資金調達を外部に仰ぐ場合は、事業計画書の提出が必須になります。起業家にとって資金調達の方法はいろいろありますが、下記の順番で検討することをお薦めします。

◎**自己資金**：3分の1以上、できれば半分以上あることが理想です。

◎**助成金**：受け取り条件を満たしていれば、役所などに申請すればもらうことができます。起業前に申請しなければならないものもありますから、早めにハローワークなどに相談に行くのが賢明です。

◎**国民生活金融公庫の制度融資の利用**：最も一般的な資金調達方法です。借入に際しては同公庫所定の「開業計画書」(p.18参照) の提出が必須です。

○**出資者からの出資**：経営権維持のため、出資比率に注意が必要です。

○**自治体からの借入**：市・県・国の各役所別に起業家向けの支援策が複数準備されています。毎年のように変更があるので、勉強するよりも、自分の事業計画をおおよそ固めたら、まずは最寄りの自治体窓口に相談に出向いてください。無料で相談に応じてくれます。

△**金融機関からの借入**：よほど優れた事業計画でないと起業時は借入は無理です。事業計画書、付属明細書などがなければ審査もしてくれません。経営者の考えをうまく説明できる詳細な資料を付け加えることが必要です。

△**親戚・友知人からの借入**：人間関係を壊さぬよう注意が必要です。

△**少人数私募債**：返済見込みがあれば検討に値します。

△**エンジェルからの投資**：制度等にまだまだ不備が多く、あまり機能していません。投資額も少額にとどまっています。

×**ベンチャーキャピタルからの投資**：技術力、経営力、長期発展性のある一部有力企業に投資が集中しているのが現実です。

資金調達方法

調達可能額	0円　　　5千万円　　　1億円〜	
自己資金	極力比率を増やす	↑ 高
助成金	人を雇用するなら申請、半年〜1年後の事後交付	
国民生活金融公庫制度融資	1カ月前までに手配	
信用保証協会保証付融資	最低数カ月前に手配	
共同出資者からの出資		
借入:自治体		優先順位
借入:金融機関	最低数カ月前に担保を要求される場合も	
借入:親戚・友知人	人間関係を壊さぬよう注意	
少人数私募債		
投資:エンジェル		
商工ファンド	高利	
闇金	絶対に手を出さない	↓ 低

3 公的支援を大いに活用する

　起業に際して受けられる公的支援制度も数多くあります。まずは市・県・国の役所窓口へ出向いてください。役所の予算、補正予算の関係で締切時期があるものも多く、自分の起業日程をにらんで計画に組み込めるかを検討することが大事です。

　公的支援の内容は、一般相談から資金（助成金・補助金、融資、投資）、取引先・販路紹介など多岐にわたります。相談はすべて無料ですから大いに利用すべきでしょう。

　ただし、役所は縦割り機構ですから、起業家側のニーズが明確でないとあちらこちらにたらい回しされる恐れがあります。事業計画書をある程度作ってから訪れるのが賢明でしょう。

◆相談・コンサルティング

　全体の方向付けが不明確な場合、まず相談・コンサルティングを受けると良いでしょう。

◆助成金・補助金

　従業員を雇う計画がある場合は、ハローワークなどへ起業前に相談に行ってください。起業前日までに申請しなければならないものが複数あります。条件を満たしていれば必ず支援を受けられますから利用しない手はありません。

◆投資

　自治体や国が投資するケースはほとんどありませんから、期待しないほうが良いでしょう。

◆取引先・販路紹介

　取引先や販路の紹介は、役所はあまりいい顔をしません。それは、個々の企業を支援することが役所の性格上なじまないからです。

公的支援メニュー

1) 相談・コンサルティング	市) 中小企業振興公社など 県) 中小企業センターなど 国) 中小企業総合事業団など 他) 商工会議所など
2) 助成金・補助金	● 条件を満たしていれば受け取れる ● 内容審査後 　国) 厚生労働省・雇用・能力開発機構など 　国) その他 各省庁
3) 融　資	国) 国民生活金融公庫→少額なら借りやすい 　　　創業時に適している 国) 商工中金→額が大きいとき 国) 中小企業金融公庫→額が大きいとき 県) 創業支援融資等 市) 同上 他) 商工会議所・商工会 　　（国民生活金融公庫がバックアップ）
4) 投　資	直接投資 　国) 中小企業投資育成株式会社 　　　（東京、名古屋、大阪） 　県) 神奈川県でTUNAMIの例（180ページ参照）あり 　　　（ビジネスプラン発表会→資金調達支援）
5) 取引先・販路紹介 他	都) 販路開拓支援事業（ビジネスナビゲーター） 市) 横浜市で横浜ビジネスエキスパート 　　派遣事業 あり

上記のものほど支援を受けやすい

4 助成金・補助金を利用する

　助成金は国が起業の支援を行う、返さなくてもいいお金です。起業家・代表者が、自らの事業計画書を持って窓口へ出向き、説明することが求められます。補助金獲得を支援するコンサルティング会社もありますので、忙しい起業家は利用することも考えられます。

　申し込みのタイミングを失すると助成金を得られないものもあります。時期、提出書類など、事前に何箇所か役所を回って納得するまで情報を集めましょう。

　雇用関係の助成金としては次の3つがあります。
①地域雇用受皿事業特別奨励金
②受給資格者創業支援助成金（申請書を112ページに掲載）
③高年齢者等共同就業機会創出助成金

　このうち、②の受給資格者創業支援助成金は、兼務役員を含み1人以上の保険支払対象者を雇えば対象になりますので、検討に値します。ただし、配偶者は対象外となります。

　①と②は設立前日までの申請が条件です。早めの手続きが肝要です。ただし、それぞれを重複して受け取ることはできません。対象窓口も、①②③とも異なります。まずは最寄りのハローワークに相談するのが良いでしょう。

　なお、いずれも事業計画書を提出する必要があります。用紙は各窓口にあります。他の助成金についても各自治体の窓口で確認してください。

　雇用関係以外の助成金としては、中小企業基盤整備機構の**事業化助成金**などがあります。

雇用に関する助成金

項目		地域雇用受皿事業 特別奨励金	受給資格者 創業支援助成金	高年齢者等 共同就業機会 創出助成金
対象事業主の要件	創業者等に関する要件	なし	雇用保険の受給資格者 （資格要件期間5年以上）	45歳以上3人以上の出資により設立
	組織形態	法人	法人または個人事業主	法人
	事業計画の認定申請時期	設立前日まで	設立前日まで	設立後
	労働者の雇い入れ用件	非自発的離職者を3人以上雇用 （うち1人は条件あり）	1人以上雇用	高年齢者を1人以上雇用
支給対象経費等	支給対象経費 （創業部分）	1. 事業計画作成費 2. 職業能力開発経費 3. 設備・運営経費	1. 事業計画作成費 2. 職業能力開発経費 3. 雇用管理改善関連事業費 4. 設備・運営経費	1. 事業計画作成費 2. 職業能力開発経費 3. 設備・運営経費
	支給額 （創業部分）	半年経費の3分の1 （上限500万円）	3カ月経費の3分の1 （上限200万円）	半年経費の3分の2 （上限500万円）
	支給額 （雇入れ部分）	1人30万円（上限100人） （30歳以上の非自発的離職者に限る）		
	申請窓口	財）産業雇用安定センター地方事務所	公共職業安定所	財）都道府県高年齢者雇用開発協会

【雇用関係以外の助成金の例】

● 中小企業基盤整備機構の事業化助成金
　助成対象経費の2分の1以内（100〜500万円）を支給。
　詳しくは、http://www.go.jp/venture/grant/index.html

5 借りやすい公的融資の利用法

　民間金融機関の起業家向け融資は、非常に狭き門となっています。素晴らしい事業計画がある場合や、地域限定の特別な融資制度がある場合は、窓口で話だけは聞いてもらえるかもしれませんが、融資を受けられる可能性は低いと思っておいたほうが賢明です。

　一方、公的融資の場合は、国や都道府県、あるいは市町村で様々なメニューが用意されています。ただし、毎年のように内容に変更がありますので、あれこれ調べるよりも、自分の事業計画をおおよそ固めた段階で最寄りの自治体窓口に相談に行くことをお薦めします。該当する施策が見つかるかもしれません。

　しかし、なんと言っても最も借りやすいのが政府系金融機関の国民生活金融公庫の融資です。公庫は数十万円から数千万円の幅で、起業家向けに融資を行っています。起業家が借りられるものには、次の3つがあります。

①新創業融資制度
②新規開業資金
③女性・中高年起業家資金

　特に「新創業融資制度」は、無担保・無保証人で、開業資金の2分の1以上の自己資金を用意できる人向けに、最高750万円まで融資してくれます。事業計画書を作成した上で、公庫の窓口で申込すると良いでしょう。公庫の「開業計画書」は本書でも紹介（p.18）しています。

　申し込んで1週間後に面談があり、OKであればその後1～2週間で融資が実行されます。融資を得るための決め手は、収益の見込みがあること、つまり取引先獲得の見通しがあることに尽きます。

国民生活金融公庫の起業家向け融資制度

◆新創業融資制度（新規開業ローンの保証人特例措置）

	運転資金	設備資金
融資額	750万円	
返済期間（据置期間）	5年（6カ月以内）	7年（6カ月以内）

- 開業資金の1/2以上の自己資金を用意すること
- 利率：基準利率＋1.2％
- 取扱期間：平成19年3月31日まで
- 申込：公庫の支店
  http://www.kokukin.go.jp/pfcj/topikakujyuu.html

◆新企業育成貸付1．

	対象者	融資額	返済期間
新規開業資金	新規開業者および5年以内の人	4800万円	7年

- 利率：基準利率
- 取扱期間：平成24年3月31日まで
- 保証人、担保については応相談
  http://www.kokukin.go.jp/pfcj/loanj.html

◆新企業育成貸付2．

	対象者	融資額	返済期間
女性・中高年起業家資金	女性または55歳以上	4800万円	7年

- 利率：基準利率
- 取扱期間：平成17年3月31日まで
- 保証人、担保については応相談
  http://www.kokukin.go.jp/pfcj/joseij.html

> **申請時に必要な書類**
>
> - 借入申込書（P.20参照）
> - 開業計画書（P.18参照、自前のフォームでも可）
> - 法人登記簿謄本（起業前の場合は個人で申し込みも可）
> - 設備の見積書・契約書、商品パンフレットなど（公庫から個々に指示あり）

6 「これから」が期待されるエンジェル

　エンジェルとは、ベンチャー企業の「将来性」に投資する「個人投資家」のことを言います。米国では「100万ドル以上の資産を持っている個人投資家」とも定義されています。

　ベンチャーキャピタル（VC）の投資の狙いは、投資先企業の上場によるリターン取得にありますが、エンジェルの場合は配当などゆるやかなリターンを求めるケースも少なくありません。NAF（日本エンジェルズ・フォーラム）など、日本にもいくつかの組織があり、定期的にビジネスモデルの発表会を行っていて、有望な企業、ビジネスモデルにはエンジェルやVCが投資を行う仲介の場を提供しています。

　1997年度税制改正で、エンジェル保護のエンジェル税制が創設されましたが、関東経済産業局によると、エンジェル税制創設以降の確認実績は、2005年2月現在、企業数50社、投資家数1,200名、投資額約11.8億円となっています。

　日本のエンジェル投資額は徐々に増えてはいるものの、米国に比べるとあまりにその額が小さいのが実情です。全米では25万人以上のエンジェルがいて、毎年5万社のベンチャー企業に200億ドルの投資を行っていると言われています。ベンチャーの創業資金の9割はエンジェル資金と報じられているくらいです。日本のエンジェル組織が活動の幅を広げるには、まだまだ時間がかかりそうです。

　エンジェル税制が、起業家やベンチャー企業の育成・振興にはあまり役立っていないのが実情ですが、エンジェルの多くは自分自身起業し成功した人が多く、物心両面で起業家の支援を行ってくれる例もあります。

エンジェル組織のリスト

エンジェル・ベンチャー協会 TEL：03-5330-9211	エンジェル会員に投資し、未公開企業の支援と将来の株式公開を視野に入れた投資を行う。エンジェル・ベンチャー協会では、はじめての投資でもわかりやすい形で投資システムを作り未公開企業の紹介・発掘を提供している。 http://www.ava.ne.jp/
国際エンジェル連盟 TEL:03-3433-2722	事業化アイデアの初期の段階から、エンジェルが相談相手となって起業家を支援するNPO団体。有料のコンサルタント会社ではない。事業計画、特許、販売ルート、アライアンス、契約、法律、資本政策、小額資金など、起業創業・ベンチャーを成功に導く相談を受け付けている。 http://www.iai-j.com/
日本エンジェルズ・フォーラム（NAF） TEL:03-5467-6011	意欲的な起業家の方々とベンチャー企業を資金面などで支援しようとする投資家・支援提供家との出会いの場を提供するために、活動の一環としてお見合い交流会やメーリングリストなどによる場の提供を行っているベンチャー支援団体で、エンジェル投資家により運営されている有限責任中間法人です。 http://www.angels.ne.jp/

（各団体HPより）

7 注意が必要な少人数私募債

　少人数私募債とは、株式会社が資金調達のために経営者の親族や友人知人など、49名以下の縁故者に対して直接勧誘する社債です。募集総額は１億円までとなっています。例えば、最低券面額が100万円の場合は、発行限度額は49名で4900万円となります。

　借入の場合、銀行融資では１年未満の短期借入が中心です。長期に借りられる少人数私募債は、返済能力のある経営者にとっては魅力的な制度と言えましょう。

　官庁へ届ける必要もなく、有価証券届出書も有価証券通知書も不要です。金利などの発行条件も自由に決められます。しかも社債権者が会社経営を支援してくれることも期待できます。社員が少人数私募債を積極的に引き受けてくれる場合は、社員のモラルアップにもつながります。

　債権者は株主ではないので、経営権も確保できます。銀行借入と比較しても債権者の干渉を受けにくいのも経営者にとっては魅力的な仕組みです。

　手順としては、まず取締役会で発行決議を行った後、議事録を作り、募集要項、社債申込証を作って縁故者を回る、あるいは説明会を開くなどして募集を行います。発行後のトラブルを防ぐため、第三者への債券の譲渡は制限することが好ましい措置と言えます。

　ただし、社債申込証に不備があれば、商法で罰則もあります。条件によっては管理会社が必要となったり、告知義務が生じたりします。無担保での発行が可能ですが、担保を設定する場合は、信託会社の設置が必要となったりしますので、詳しくは税理士など専門家に相談するか、複数のコンサルティング会社から見積りを取られると良いでしょう。

少人数私募債の特徴

手続き	募集総額は1億円まで。株式会社に限定。 有価証券届出書や有価証券通知書などの官庁への届出は不要。ただし、条件によっては管理会社が必要になったり、告知義務が生ずることもあるので税理士などに要相談。 銀行から融資を受けるよりむしろ簡単で手軽な場合も。
担保・保証	担保・保証とも不要なのがありがたい。 事務コストも不要。 担保設定の場合は信託会社の設置が必要。
金利	金利は1～5％前後。 銀行借入より高めに設定するケースが多いが、預金の拘束もないので、実質は同等と言える。
据置期間	償還期限は3～5年。 それまでは元本返済不要。
税	社債利息は損金算入可。 増資の場合、配当金は税引後利益から支払う。
経営権	債権者は株主ではない。 銀行借入と比較しても債権者の干渉は受けにくい。
債権者	預貯金より高い金利を享受。 社債利息は20％の源泉分離課税。 高額所得者は所得税率で引かれる貸付利息より有利。

事 例

高齢者向け住宅を運営するS社は、少人数私募債4千万円を発行。住宅整備費として活用している。
「地域福祉私募債」と名付け、社長友人や同社社員、取引先など28人が購入。償還は3年後。利率は3.5％。

参考資料　受給資格者創業支援助成金申請書

様式第1号

[安定所用]

創業計画（変更）認定申請書

創業計画（新規・変更）について、次のとおり認定を申請します。

　　　　　　　　　　　　　　　　　　　　　　　平成　　年　　月　　日

公共職業安定所長　殿

1 創業を行おうとする者（創業受給資格者）	① 氏　　名（フリガナ）	印		
	② 住　　所	〒　－　　　　　　　電話番号　（　　）		
	③ 被保険者番号			
	④ 支給番号			
	⑤ 生年月日	年　　月　　日		
	⑥ 事業経営の有無	無・有（事業所名：　　　　　　　　　　　　）		
	⑦ 代理人	イ 職名（フリガナ）	
		ロ 氏名（フリガナ）	印
		ハ 住所（所在地）	〒　－　　　　　　電話番号　（　　）
2 創業を行おうとする事業内容（予定）	① 創業予定日	年　　月　　日		
	② 創業を行おうとする事業所の所在地（予定）			
	③ 主に取り扱う製品・商品・サービス			
	④ 事業内容			
	⑤ 業種		⑥ 法人・個人の別	法人・個人
	⑦ 資本・出資予定額	万円（うち創業受給資格者負担額　　万円）		
	⑧ 創業後の事業見通し	（初年度）	（次年度）	（次々年度）
	⑨ 他の助成金等の受給予定	無・有（名称　　　　　　　　　　　　　）		

※処理欄	公共職業安定所受付印	認定番号	第　　　　　号					
		認定年月日	年　　月　　日					
		・決　　裁　　欄							
		所　長	部長・次長	課長・統括	係長・上席	職業指導官	担　当	
	受付年月日　　年　　月　　日							

※　処理欄には記入しないでください。
　　記入に当たっては、記入上の注意を必ず御覧ください。

第 **6** 章
実行計画を立てる

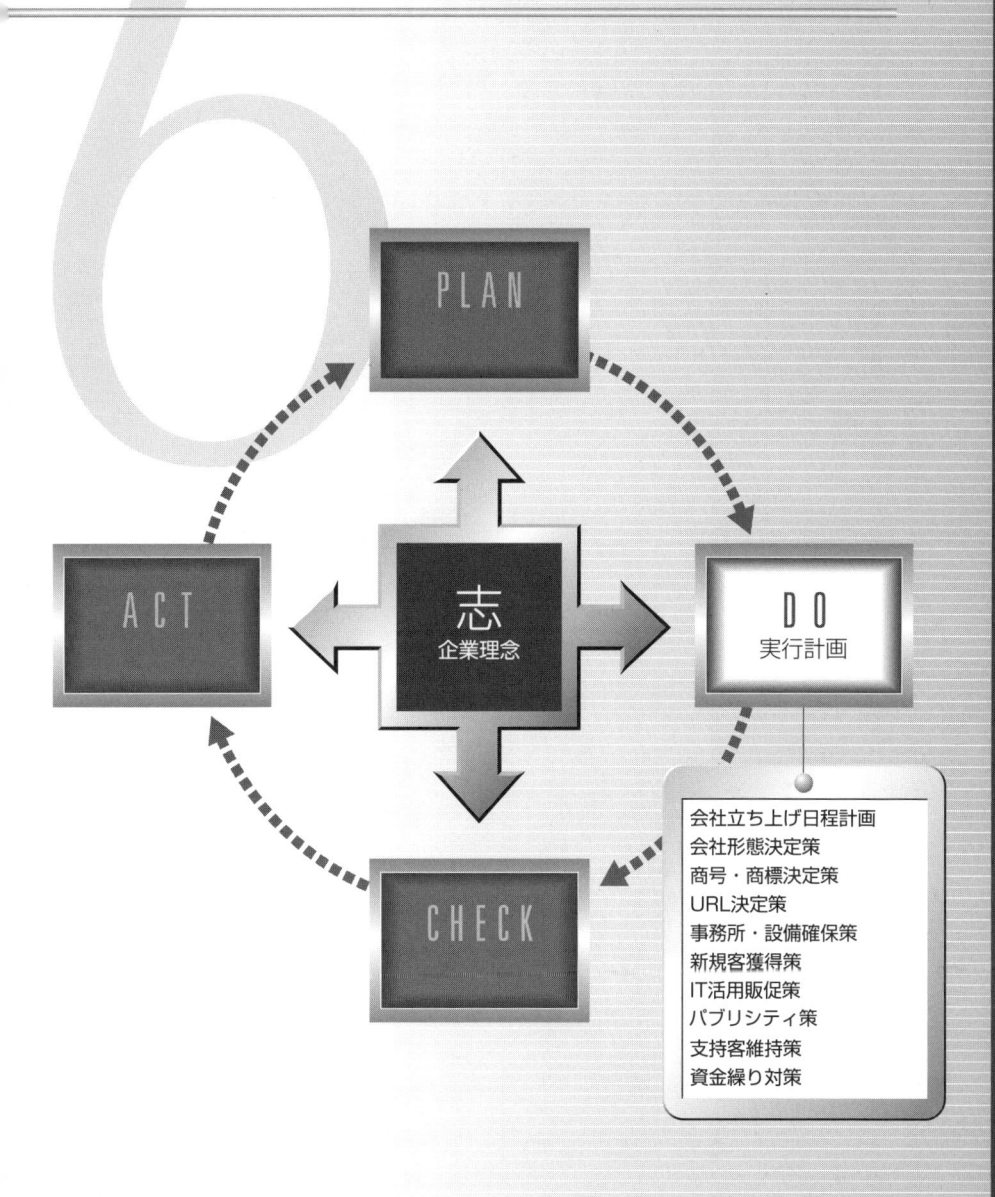

PLAN

ACT

志
企業理念

DO
実行計画

CHECK

会社立ち上げ日程計画
会社形態決定策
商号・商標決定策
URL決定策
事務所・設備確保策
新規客獲得策
IT活用販促策
パブリシティ策
支持客維持策
資金繰り対策

1　会社立ち上げ日程計画を立てる

　事業計画の実行にあたっては、細かい日程計画が必要です。特に、年度計画の実行段階では日程をより細かく立てておくことが重要です。

　右図は、会社設立までの日程計画の一例です。あなたの具体的な会社設立日程計画を立て、右の図のように日付を入れてみてください。会社設立日程の中では、会社設立予定日、営業開始予定日が重要になります。これらの日程を詳細に煮詰めていくほど、関係者との調整も具体性が増します。協力者、賛同者と十分な調整を行って行動開始してください。

　どのくらいの日程にするかは、あなたの現在の状況、その切迫度によっても異なってきます。

・すでに退職し無職。なるべく早く起業したい
・会社を辞めることを決め、転職か起業か検討している
・在職中だが、いずれ起業したい

　在職中であれば検討時間は十分ありますから、余裕のある日程が組めると思います。一方、すぐに起業したい人は「拙速」にならないように注意して計画を組んでください。起業決意から設立届出まで、およそ最短で2カ月くらいですが、市場調査に十分な時間をかけ、半年間くらいの日程計画を立てたほうが良いでしょう。

　後述しますが、許認可が必要な事業は起業前の着手が必要ですし、特許や商標登録を考えている人は、許可まで1年以上の期間を予定しておかなければなりません。銀行に出資金払い込み証明を依頼する場合も希望する銀行の了承を得られないこともありますので注意が必要です。ゴロのいい電話番号の取得や、覚えやすいURLの取得などのためには、早め早めの行動こそが好結果につながります。

会社立ち上げ日程計画例

		本文頁
2005年4月1日	起業決意！	
	↓　自分の強みチェック	22
	企業理念を固める	26
4月2日	市場調査	
	↓　外部環境分析	28
	自社分析	40
7月1日	事業計画の立案	
	↓　長期・中間・短期計画立案	42〜95
7月10日	準備・検討	
	許認可の有無確認	116
	↓　商号・商標決定、URL手配	122〜125
7月15日	定款づくり	
	↓	
7月20日	資金づくり	
	資金調達計画	98
	↓　出資金払込委託	116
8月20日	事業所・設備の確保	
	事務所の手配	126
	電話手配	
9月1日	組織づくり	
	取締役、監査役	
	取締役会	
10月1日	設立登記申請・会社設立	
	登記申請日が会社設立日	
	↓　登記申請から2週間ほどで受理	
10月15日	登記申請受理・営業開始	
	↓	
10月末日	設立届出	
	↓　設立から2カ月以内	
	取引先の開拓	
	新規客開拓策、IT販促策、パブリシティ策	128〜139
	支持客維持策	140
	資金繰り対策	
	資金繰り	142

第6章 ▷ 実行計画を立てる

2 タイミングが大事なもの

　会社立ち上げ日程を計画する際に、タイミングが大事になってくるものがあります。いくつか事例をあげますので、注意してください。

◆出資金払い込み金融機関
　出資金の払い込み金融機関がなかなか決まらず、苦労する例が少なくありません。保管証明業務はうまみがない、不正に巻き込まれ信用を落としてしまうなどの理由で銀行は嫌います。あらかじめ金融機関の見通しを立てておくべきでしょう。

◆決算期
　3月にすれば、他社の決算期とぶつかり、税理士の繁忙期とも重なります。取引先との関係で問題がないならば、3月以外に設定するほうが良いでしょう。

◆助成金
　厚生労働省関係では、創業前日までに申請しないともらえないものが複数あります。事前に申請資料をそろえましょう。

◆許認可
　許認可の必要な事業は1000件を超え、自治体や地域によっても異なります。取得まで時間がかかるものもあります。Iさんは、ワイン販売を始めようとした際、酒類販売免許が取れずに苦労しました。Mさんは古書ネット取引サイトを開設しようとして「古書登録個人ユーザーも古物商免許が必要」と警察から指摘され、「ユーザーは仕入をしない」との条件付きでことなきを得ました。Sさんは遊覧船事業を創業しましたが、許認可が取得できず、1年間はほとんど営業できませんでした。ようやく都の遊漁船と保健所の許可が取れたものの、先行手配した舟の購入費が遊んでしまい、起業当初から大苦戦しました。自分の事業が許認可事業かどうか、起業前に最寄りの役所で確認しましょう。

タイミングが大事なもの

◆産業財産権関係

特許	取得に数年かかる。技術系企業では命。取得すれば20年間権利を得る。
実用新案	出願すれば通る。権利期間6年。類似品は裁判決着。短期商品に適する。
意匠登録	形・デザインが勝負なら要出願。権利15年。
商標	良いネーミングは商売繁盛の秘訣。しかし、取得に1年以上かかる。権利10年。 レナウンの「フレッシュライフ」は「通勤快足」に変えて20倍売れた。動物園で売っている甘納豆「ゴリラの鼻くそ」は話題を呼んでいる。

◆届出や許可などが必要な業種・業態（一部）

厚生労働省	人材派遣
財務省	たばこ販売免許（日本たばこ産業経由）
財務省又は都道府県	貸し金業登録
陸運支局	運送、自動車整備
国土交通省	運送業許可、タクシー免許、不動産業免許、旅行業登録
運輸局	旅行代理
税務署	酒類販売免許
保健所	飲食店許可、喫茶店、食料品販売、食肉販売、魚介販売、菓子製造、惣菜製造、ペット、コインシャワー、理美容、クリーニング届、旅館業許可、風呂屋許可
警察署	深夜酒類提供飲食店、ゲームセンター、マージャン、リサイクル許可、中古車、古書、質屋許可、骨董屋許可、金券ショップ、道路使用営業、警備業認定、風俗営業許可
消防署	ガソリンスタンド
都道府県	宅地建物取引、通訳案内、薬局許可、旅館、建設業許可、保育、各種学校、ビル清掃、電気工事業登録、廃棄物処理業許可
市区町村	米穀販売

3 個人事業か、法人にするか

　１人で起業することもできるコンサルタント業などでは、個人事業という企業形態も考えられます。家族が食べていけて、そこそこの貯金が残せればいいという程度の生業商売、他人を雇わない家族商売など、事業をあまり大きくする意向がないならば、個人事業でもかまわないといえます。

　ビジネスとして将来大きくしていく、各方面にエリアを拡大していくといった拡大志向ならば法人が前提になります。もちろん、法人化するかどうかは、売上や利益の規模だけで決めるものではありません。売上が小さくとも事業の性格上、法人にしたほうが良いものもあります。

　法人有利の根拠としては次のようなものがあげられます。

①**事業資金を集めやすい**

②**有限責任**

　ただし倒産すれば、法人の代表者として大きな責任を負わされます。

③**取引先、銀行などの信用度が高まる**

　個人事業では取引を行ってくれない顧客もいます。

④**採用に有利**

　応募する人は当然会社の将来性を見ます。

⑤**税金面で有利**

　税金は、対個人にかかる所得税と、事業にかかる法人税等の二重課税となっています。右表はいくつかの前提を置いた上で、年間所得1300万円の個人事業主と、法人成りで株式会社を作り、社長報酬1300万円、利益ゼロとした場合の試算表です。このような例では、年間所得が数百万円以下の場合を除き、法人成りのほうが納税総額は少なくなります。実際には扶養家族の状況、控除費目数などで変わってきますので、税務署に試算してもらうことをお薦めします。

個人・法人税金比較例

(単位：千円)

		個人		法人	
売上	30,000		30,000		
仕入	10,000		10,000		
社長給与	—	個人の場合、事業主分は含めません	13,000		
配偶者給与	1,000	青色申告で専従者として承認要	1,000		
従業員給与	3,000		3,000		
諸経費	3,000		3,000		
所得・利益	13,000	所得	0	利益	

対個人

所得税(社長)	1,750	事業所得として課税	1,130	給与所得は控除額が大きい
所得税(配偶者)				
市民税・所得割	820	2,000以下3%、7,000以下8%、7,000超10%	600	
県民税・所得割	250	7,000以下2%、7,000超3%	180	
市民税・均等割	—		—	
県民税・均等割	—		—	

対事業

個人事業税	500	年3,000未満非課税、3,000以上5%	—	
法人税	—		—	8,000以下22%、8,000超30%
法人税割	—		—	
均等割	—		70	

納税総額	3,320		1,980	

他に消費税、固定資産税など

4 株式か、有限か、別組織か

　2003年2月から、最低資本金規制の特例により、一定の条件を満たす人に対して、資本金1円でも起業が可能になりました。5年間で有限会社300万円以上、株式会社1000万円以上にすればよく、起業しやすい環境が整ってきています。

　さらに2005年1月現在、法制審議会の会社法部会で検討されている会社法改正を受けて、有限会社を廃止し、株式会社のみにする方向性が打ち出されています。会社法改正については、2006年4月1日からの施行が有力視されており、施行日以後は有限会社を設立できなくなります。最低資本金制度も撤廃の方向です。法人成りの場合、これからは株式会社を選択することをお薦めします。

　この他、企業組合やNPO法人を設立する選択肢もあります。企業組合は、開業資金の最低額の規定がなく、その後、株式会社に組織変更することもできます。出資者が個人に限られるなど、現在はいくつかの制約がありますが、活動促進へ向けて経済産業省も活性化策を検討中です。地域密着型の組織としての活動が期待されています。

　NPO法人は、行政や企業とは違った立場で福祉増進や街づくり、災害救援といった社会貢献活動を主たる目的とする非営利組織です。世のため人のため、ボランティア組織を作ろうとする場合には検討対象になってきます。

　また、2005年に国会で可決成立した新会社法により2006年施行のLLC（Limited Liability Company：合同会社）や、2005年8月に施行されたLLP（Limited Liability Partnership：有限責任事業組合）の発足など、組織の形態は多様化しつつあります。自分の事業計画に合致する新組織形態があれば、これら法制化の動きに注意を払いつつ会社形態を検討してください。

会社形態比較表

項目	個人	株式・有限会社	企業組合	NPO
開業資金	制限なし	制限なくなる	規定なし	必要なし
設立手続き	必要なし	必要あり	認可必要	認証必要
資金調達	出資困難	出資・融資	出資・融資 助成金	会費・寄付 助成金
責任範囲	無制限	有限責任	株式と同様	規定なし
所得の計算	累進	収入―損金	収入―損金	※33事業

※NPO法人は、その本来事業の所得に対しては課税されませんが、収益目的とされている33の事業については、企業と同様に課税されます。

◆LLC（Limited Liability Company：合同会社）

　外見は株式会社と同じく出資者が全員有限責任の法人でありながら、会社の内部ルールについては組合と同様、法律で強制されることなく自由に決められる点に特徴がある。

　株式会社は、出資者を主役とする制度だが、LLCは、事業をする人々を主役とすることができる制度で、比較的少人数の人的資産・知的資産に基盤を置く企業に適している。

◆LLP（Limited Liability Partnership：有限責任事業組合）

　民法の組合の特例として2005年8月に施行され、有限責任、内部自治、構成員課税を兼ね備えた組織を整備し、素材産業の設備共同集約事業、研究開発促進、士業などのサービス産業振興、農業生産法人、個人創業、共同創業の振興などで活用されることが期待されている。

5　会社名、商品名を決める

　会社名（商号）は、市町村単位で「同様な社名」であっても、「同一目的」でない場合には使用できます。ただし、松下電器やソニーといった著名な社名については、使用制限がありますから、社名についても法務局などに相談すると良いでしょう。

　商品やサービスの名称「商標」も非常に重要で、その登録は疎かにできません。商品名（商標）は、企業にとって命だからです。タイガー魔法瓶と阪神球団との間で問題化した「TIGERS」の事例、地下足袋の「力王」がラーメン店チェーン「力王」の商標使用の無効を求める訴えを起こした事例、中国の知的財産を扱う会社が、果物や花きを対象に「青森」を商標申請している旨現地官報が告示した件など、商標登録ずみの商品名を使って訴えられ、その商品名が使えなくなるケースもあります。

　商標問題は企業にとって、ときにビジネスに重大な影響を及ぼす厄介な存在でもあります。特許庁は審査官個人が商標を承認しますが、その後の商標権侵害に関するトラブルにはアンタッチです。弁理士のお墨付きを得ても、弁護士の意見や、最終の判決は全く別のこともあります。

　商標申請から承認か否認か決定が下されるまで、1年前後かかるのも頭の痛い問題です。さらに「グローバル化」の時代ですから、商標権もグローバルに目配りしておかないと海外から訴えられて商品名が使えなくなる恐れもあります。

　社名（商号）を商標として使用する場合も少なくありませんが、この場合は商号も商標登録しておかなければ、「使用差し止め」や「損害賠償」を要求されることもあります。「商品名」を「商標」未登録のまま営業する場合も、特許庁のホームページ（http：//www.jpo.go.jp/indexj.html）で確認しておくのが賢明でしょう。

社名・商品名のトラブル事例

◆社名使用の差し止め請求を受けた N 社の例

　事業を始めてしばらく後、同一社名の会社からクレームを受ける。その会社からは次のような要求があった。

　「この社名は商標登録済み。商号使用の差し止め請求権の行使も考慮中。使用し続けるのであれば100万円を支払って欲しい」

　同社は、同様の要求を同一社名の数社にも行っていることがわかったので、早速、弁理士、弁護士と相談。次のような回答を行った。

　「弊社の社名は商号であり、商標ではない。御社の主張は商標と商標の問題であり、商標と商号の問題ではない。御社が弊社と同一の商号を商標登録していても、弊社の商号は御社の商標に何ら抵触するものではなく、弊社の商号使用は、何ら制約を受けるものではない。よって弊社ではこのまま本商号の使用を継続する」

　その後、同様のやり取りが数回あり、最終的には、先方の要求はさた止みとなった。なお、N 社は防御措置のため、特許庁へ N 社の申請分類とは異なる申請分類で、同社名の商標登録の申請を行い、後日受理された。

◆ちらしを無断流用された S 社の例

　新事業開始にあたり、新サービス紹介のちらしを作り、PR を開始した。ところが、別業者がそのちらしの社名部分だけを刷り替えて顧客を訪問し、営業していることが、顧客からの連絡で判明した。
　防御措置のため、直ちに特許庁にサービス名の商標登録を申請、受理後は同様のトラブルは起こってはいない。

6 会社の URL を取得する

　事業を開始するにあたって、商号、屋号は市町村が異なれば同一の名称を使えますし、商標も原則として同一のものが同一商標区分に登録されていなければ、商売に使用することができます。

　これに対して URL（Uniform Resource Locator：ドメイン名）は、世界で唯一のものです。事業計画が決まり、商号、商標を決めたら、次のステップとして URL を取得してください。どんな事業であっても、これからの時代はホームページを作り、市場に向けて PR する必要があるでしょう。そのホームページ作成のために欠かせないのが URL です。早めに取得する準備が必要です。

　URL は世界のいずれかですでに登録されている場合も多く、「早いもの勝ち」の状態です。弊社の URL は「http : //www.nihonn.com/」なのですが、すでに「http : //www.nihon.com/」は米国で登録ずみでした。やむなくローマ字読みの「n」を重ねた URL を登録しました。ちなみに「http : //www.japan.com/」もすでに登録ずみでした。

　社名や商品名と関連した URL を取得できれば、その後のビジネスに何かと好影響を与えることは間違いないところです。ちょっと工夫することで商売繁盛につながる URL を取得することもできます。右にいくつかの好事例を載せましたので参考にしてください。

　これ以外にも、URL の末尾を次のようにしたり、日本語の URL を使った PR も可能です。

◆「info」：一般向け
◆「biz」：ビジネス
◆「name」：個人
◆「pro」：専門職

　なお、「co.jp」だけは会社登記簿を提出しないと取得できません。

URLの工夫例

◆松阪肉　丸賢
http://www.matsuzakagyuuniku.com/
ずばり「松坂牛肉」をURLに。
おいしそうな肉の写真が話題となっている。

◆珈琲の王国
http://www.beans510.com/
珈琲豆「beans」と代表の後藤さん「510」を併記。
有名サイトの１つになっている。

◆二六製作所（マグネット製造業）
http://www.26magnet.co.jp/
社名の「二六」と会社の主製品である磁石「magnet」を併記。
「magnet」で検索されたときにも有効で、商売にもつながっている。

◆紫式部（古書のネット通販）
http://www.murasakishikibu.co.jp/oldbook/sgenji.html
社名がそのままURLにできた例。
珍しい社名の場合は、そのまま登録が可能な場合もある。

◆サイバー弁護士
http://www.takahara.gr.jp/
自分の名前がURLにできた例。
士業では有効。後になるほど登録済みとなり、取得が難しくなる。

◆キリンビバレッジ、生茶
http://キリンビバレッジ.jp/
http://生茶.jp/
漢字、ひらがな、カタカナを使用することがぎ、国内向け商品に有効。
１企業が複数のドメインを取得することも可能。商品ごとのURL取得、
ホームページ作成が可能（ただし、専用ソフトのインストールが必要）。

7 事務所・設備を確保する

　事業開始が決まれば、事務所や設備を準備することになります。事務所や設備は、固定費になるだけに起業当初はいかに安くするかが課題です。考え方の基本は「ファブレス」、持たざる経営に徹することです。方法はいろいろあります。

◆**事務所**

　どうしたら安い費用で利便性の高い活動しやすい場所を確保できるか、不動産屋や起業家支援グループなどを実際に訪ねて自分の納得のいくまで調べることが必要です。

①**自宅を活用**：面積比で経費に計上することも可能です。電話、FAXについては自宅と別番号にするほうが賢明です。

②**公的支援オフィスを活用**：安価なオフィスが各自治体で用意されるケースが増えてきました。

③**共同オフィス**：知人と共有すれば、安くオフィスが持てます。

④**バーチャルオフィス**：登記可能、受付秘書サービス付きの「仮想」オフィスが各地で登場しています。月額2～5万円で利用することができます。

⑤**インキュベーションオフィス**：SOHOや小規模企業向けのレンタルオフィスが多数できています。入居企業同士のアライアンスも期待できます。

◆**設備**

　生産機能を伴う事業を計画する場合はもちろんですが、どんな事業でも設備は必要になります。発想の転換が好結果につながります。

①**中古設備**：設備は中古品の活用が現実的です。良い設備を安価に入手できます。

②**リース**：経費に計上が可能で、費用が的確にとらえられます。

ファブレス起業の事例

インターネットテレビ株式会社　北村秀雄　代表取締役

東京都中央区新川1-6-11
ニューリバータワー B1
Tel　03-5566-2200
http://www.internet-tv.co.jp/

　北村社長は、元は広告会社に勤務。4年前、インターネットを使った動画を見て、「これだ！」とひらめいたそうです。
　インターネットの動画配信は、次の3分野から成り立っており、それぞれが莫大なマーケットを有しています。
①オンデマンド：同社は、自動車会社、競輪、オートレースなど、数百のコンテンツを契約ずみ。
②ライブ中継：スポーツ中継、大手の塾の全国大会ライブ中継など教育方面にも進出。
③有料配信・通販：課金システムや通販もインターネット動画でできるようになり、売れ行きが伸びている。
　事業計画策定にあたっては、技術の方向を見極め、回線や機器はすべてアウトソーシングし、初期投資を抑えました。SEも含め、社員は数名、オフィスも最少面積に抑えています。回線や機器、オフィスに数千万円単位で初期投資した大手の競合他社が、技術激変によって消えていく中で、同社は他社の数十分の一の低価格を実現。例えば、10分程度の300Kの動画であれば、月額3万円で配信（放映）が可能です。テレビ局と同じことを小規模ベンチャーなのに実現できています。また、現在は携帯電話向け動画配信を準備中とのこと。
　大手が撤退していく中で、当初から黒字を確保しており、ファブレス（持たざる経営）に徹して事業を展開する着眼点の素晴らしさが注目されます。

8　新規顧客をいかに開拓するか

　創業初期に起業家が一様に苦しむのが販売です。最善の対策案は「起業前にあらかじめ顧客を確保しておく」ことです。「すでに10人の顧客がいます」となれば、その事業計画は有望です。その上で、新規客の上乗せ獲得を考えていくのが上策です。

　起業家の場合の新規顧客獲得策を考えてみます。B-B型（ビジネスtoビジネス：企業対企業）のビジネスの場合は、商品やカタログを持参してひたすら顧客を訪問するのが一番です。1日何社、1週間で何社と事前に計画すると良いでしょう。もし支援者の紹介があれば、門前払いはありません。ぜひ1社でも多くの会社を紹介してもらいましょう。

　B-C型（ビジネスtoコンシューマー：対個人向け）ビジネスの場合は、新規顧客獲得策は格段に難しくなります。顧客名簿を入手できれば、DM、電話、FAXによる営業方法があります。顧客名簿がない場合は、ちらし、ホームページなどを使ったアプローチが考えられます。いずれの場合も、販促費が事業計画の見込値をオーバーしないように実施することが重要です。

　DMやFAXは、費用と手間がかかります。1000通送るとすると、人件費込みで1通あたりの価格は次のようになります。

- ・FAX DM　　　30円
- ・ハガキDM　　120円
- ・封書DM　　　170円

　これに対してEメールは、やり方によってはほとんど無料（ほぼ人件費のみ）ですみます。

　B-C型の場合、新規顧客獲得にあせるあまり、販促費が計画を大幅に上回り、販促費で倒産するケースが少なくありません。慎重に計画を練り上げてから実施してください。

新規客獲得策

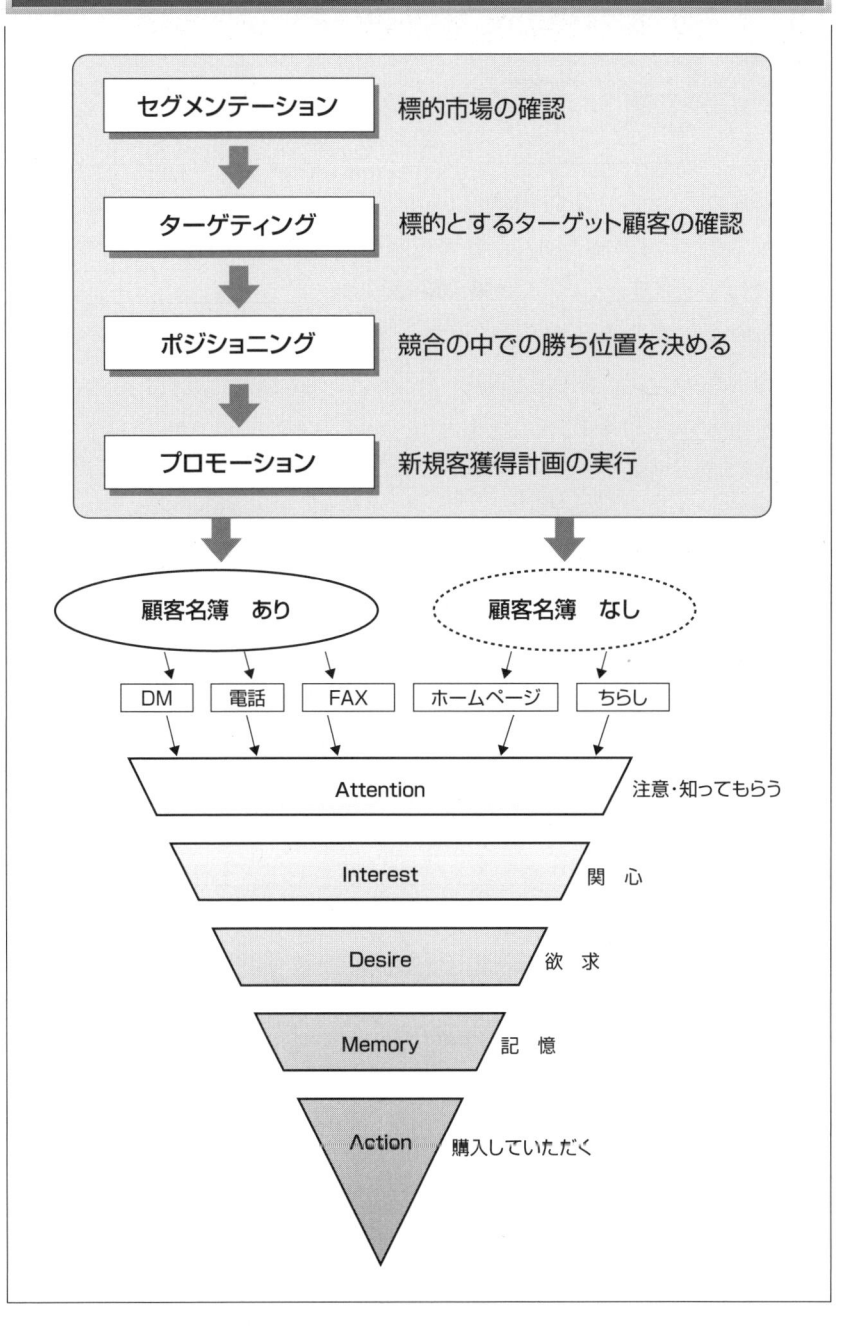

- セグメンテーション — 標的市場の確認
- ターゲティング — 標的とするターゲット顧客の確認
- ポジショニング — 競合の中での勝ち位置を決める
- プロモーション — 新規客獲得計画の実行

顧客名簿　あり
- DM
- 電話
- FAX

顧客名簿　なし
- ホームページ
- ちらし

- Attention　注意・知ってもらう
- Interest　関心
- Desire　欲求
- Memory　記憶
- Action　購入していただく

9 ITを活用した販促策

　起業家が効率よく顧客を獲得するためには、ITをうまく活用する必要があります。ITを活用した販促策が「ITマーケティング」です。

◆従来のマーケティング（従来の手法）
・広告媒体を通じた情報発信
　　全国版の新聞1面広告で1千万円以上、全国ネットのテレビなら何十億円もかかります。
・顧客の顔が見えない
　　不特定多数の人向けのOne way（一方通行）な手法です。
・顧客DB（データベース）の構築がすぐできない
　　顧客からの電話問い合わせからDBを作るのは大変です。

◆ITマーケティング（ホームページ、Eメールを駆使した手法）
・マスコミ経由ではなく、自社から直接情報発信
　　ホームページは24時間文句も言わずにタダで働く営業マンです。
・顧客の顔が見える
　　顧客の反応を受け取れる、Two way（双方向）的やり方です。
・顧客からの引き合い・問い合わせ情報がそのままDB化できる
　　航空会社ではネット経由の搭乗券購入の申し込みが増えていますが、そのデータをシステムに取り込み活用しています。ただし、個人情報保護法の施行により、5000件以上の個人情報を保有する企業は、その取り扱いに注意が必要です。
・従来より広告費用が安い
　　毎日約500万アクセスを誇るYahoo!のトップページのバナー広告が1週間500万円前後です。従来のマスコミ広告よりかなり安いと言えます。インターネットの求人サイトは安いところだと1週間1万円です。

販促策

従来のマーケティング

プロモーションの体系

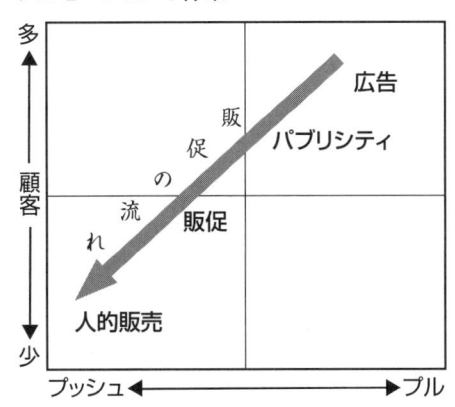

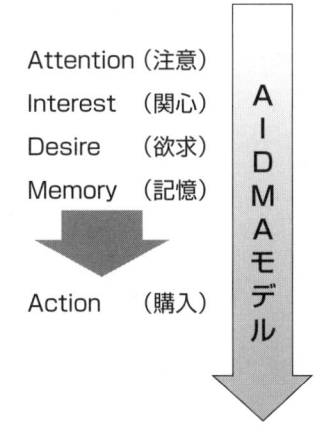

縦軸：顧客（多〜少）
横軸：プッシュ ←→ プル

- 広告
- パブリシティ
- 販促
- 人的販売

販促の流れ

AIDMAモデル

- Attention（注意）
- Interest（関心）
- Desire（欲求）
- Memory（記憶）
- Action（購入）

ITマーケティング

ホームページ、メールマガジン、Eメールを駆使する

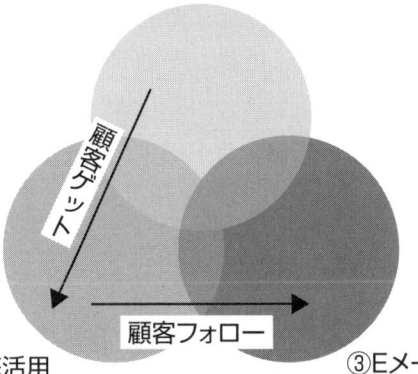

① ホームページ活用
② 顧客データを徹底活用
③ Eメールの活用

- 顧客ゲット
- 顧客フォロー

10 ホームページ活用のポイント

　起業家が新規顧客を獲得する最も有効な方策の1つがホームページです。ホームページなら、安く早く新規顧客を開拓することも可能です。ポイントは次の4点です。

①コンテンツを工夫する

　大切なのはターゲット顧客の明確化です。顧客の視点に立ったサイトであることが必要です。目的を的確に訴える内容にすることが一番重要です。具体的にはタイトルの明示、メッセージの明示に心がけてください。商店がショーウィンドーでディスプレーする場合と同じです。そのお店が何を売っている店なのか、細心の注意を払い戦略的に商品をディスプレーするのです。一番目にとまりやすいところに一番売りたい商品を配置します。

②検索エンジンで上位に表示される

　トップページに重点キーワードをそろえます。特に一番訴えたい表現を最上部に集めます。ホームページでは上部、特に左上が重要なのです。

③アクセス分析を行う

　ホームページのどのページに、どこから、どんな頻度でアクセスがあったかが、数値で把握できます。そのデータもとによりアクセス数を増やす工夫を行ってください。

④アドワーズ広告など安価なサービスを利用する

　Yahoo！やGoogleのトップページに自社の紹介が載れば、その効果は絶大です。アドワーズやオーバーチュアは、キーワード検索時に、その検索ページ中にバナーを載せ、自社のサイトへ誘導する広告方法で、工夫次第ではトップページに自社の紹介を載せることも可能です。月数万円の予算で自社サイトへの訪問者を桁違いに増やすことができるかもしれません。

ホームページ活用事例

◆N社

　ホームページ上の文字を少なめにし、絵や写真を多くしました。絵や写真は一目で何のホームページであるかを伝えることができます。写真も角度、明るさ、色合い、美しさなどを考え、工夫しました。また、パッケージ物はふたを空け、中身も見れるようにしました。
　ホームページでは、店頭での陳列以上に工夫と気配りが必要です。経営者のお客様への思い、関心と商品へのこだわりがサイトで表現できれば、成功につながると思います。これらの努力を重ねることで売上5割アップを実現しました。

◆A社

　サブページすべての左上に、トップページへのリンクをはりました。ネット検索のお客様はトップページから訪問するとは限りません。検索サイトから、サブページにダイレクトにアクセスしてきます。そこでトップページに導くための工夫が必要だったのです。これだけでトップページのアクセスが目に見えて増加しました。
　また、問い合わせや、引き合い画面に入力された顧客情報をデータベースに取り込み、これをもとにEメールやDMを発信し、販促につなげています。

◆I社

　サイトに市の有名施設「赤レンガ倉庫」周辺の様子を実況するライブカメラ画面を追加しました。これが話題を呼び、アクセスがうなぎのぼりに増えています。多くのサイトが当ホームページにリンクをはったためのようです。
　さらにいろいろな施設を紹介する動画案内を追加しました。10分間の動画ですが、月数万円でホームページに組みこむことができ、顧客獲得に着実に結びついています。

11　顧客データを活用して販促策を考える

　新規顧客の住所やメールアドレスを入手し、そのアドレスを顧客データベース（DB）に取り込んで活用することが有効です。
　多数の顧客を持つ大手企業の場合は、属性データを絡めた「データマイニング」も活用して成果を出しています。ウォルマートの「金曜日の夕方に紙おむつと缶ビールを一緒に買う男性が多い」という逸話は有名です。データをもとに、勤め帰りの男性が奥さんに頼まれて紙おむつを買うついでに自分のビールを連れ買いするという仮説を立て、両商品を近くに並べて売上を伸ばしたというわけです。
　甲府市の地場スーパーO社は、ポイントカードのデータから、顧客のうち焼酎と日本酒の購買者1万人に、「松竹梅『天』、2リットル1本お買い上げで20ポイントプレゼント！」と書かれたハガキを送付しました。結果、販促開始から1週間で、「天」の売上は直前の5倍にまで伸びました。過去のデータ分析から焼酎の購買客は日本酒も購入することをつかんでの販促戦略だったようです。販促を検討する際に役立つデータを定常的に採取できていた素晴らしい事例です。
　小規模企業ほど顧客密着は得意なはずですから、顧客の「囲い込み」は有力な方策となります。今や、ラーメン屋も顧客のアドレスを収集し、携帯電話にチケットを送付して、店頭で携帯画面上のチケットを示せば卵を1個サービス！　という時代です。
　安くて容量の大きなパソコン、そして安価な分析ソフトの登場で「営業を科学する」ことが容易になっているのです。この時代の流れに乗って、顧客データをうまく使った販促策を考えてください。
　大切なのは、お客様への「関心」と、それを商売につなげる仕組みの構築です。この実践こそが、商売繁盛の決め手と言えます。

顧客データ活用事例

◆T 社

　レンタルビデオのＴ社の顧客管理はあまりに有名です。Ｔ社は、膨大な顧客データベース（DB）を活かし、携帯電話に個人別にサービス画面を送り、携帯画面の店頭提示で、レンタル料の割引をするサービスを実施して成功しています。半年以上、店から遠ざかっている顧客には、特別の割引チケットを携帯に送って誘客しています。

◆A 商店

　横浜のＡ商店は、重要なお客様200人の名前と購入履歴しか持っていません。前回、黒いスカートを買われたので、今回は白いブラウスを薦めるというふうに、そのお客様にふさわしい商品を継続してお薦めするという姿勢を貫いています。
　年齢などで顧客の購入商品を決めつけるのは「顧客に失礼」と言います。高齢でも若い服装を好むお客様もいます。顧客は千差万別、しかもその顧客自身の好みがどんどん変わるのです。
　その意味では長期の購入履歴 DB も意外と役立たずの時があります。DB は大規模である必要はなく、商店であれば200人の顧客台帳を管理できれば十分ということになります。

◆D 商店

　福島のＤ商店は、お客様からの「あれ持ってきて」という電話注文に対応するため、DB とパソコンを連動した小規模 CTI（Computer Telephony Integration 電話とコンピュータを統合した電子商取引）を構築し、好評を得ています。「あれ」と言われただけで過去の購入歴をパソコン画面で確認でき、「はい、○○ですね」といった対応ができる仕組みです。

12 コストの安いEメールを活用する

　DMやFAX・DMに比べ、Eメールは費用が格段に安いという利点があります。しかしながら、2002年7月に施行の「特定電子メールの送信の適正化等に関する法律」「改正特定商取引に関する法律」の迷惑メール防止2法により、不特定多数に向けた広告メールについては、タイトルに「未承諾広告※」の表示を入れること、本文の前に送信者の名称、受信拒否用メールアドレスを記すことが義務付けられました。したがって、Eメールによる販促はアドレスを登録している会員でないと送ることが難しくなってきています。

　メールアドレスを保有している人へのメールマガジンは効果が期待でき、価値ある内容ならユーザーを獲得できます。専門店やこだわりの商品を扱う事業者にはお薦めの手法と言えます。1997年に「インターネットの本屋さん」を標榜する「まぐまぐ」が始めた配信サービスがメールマガジンの火付け役です。

　Eメールで問い合わせがあった人に対して、Eメールやテレマーケティングなどでアプローチをかけると成果は高まります。ホームページは商品の陳列台、ショーウィンドーです。Eメールはホームページへ顧客を誘導する売り子です。新商品案内、バーゲン案内、タイムサービス案内、割引クーポン送付、お礼メールなどが回線費のみで送付できます。

　ホームページ上にメールアドレスを登録できる仕組みを用意したり、試供品を提供するコーナーを設けたりする方法が有効です。新規顧客をホームページやメルマガで誘引し、その顧客をEメールやメルマガで固定客にしていくことが可能です。

　右のAさんのケースは、Eメールとサイトの掲示板を使ってユーザーとのコミュニケーションを密にすることで、顧客の信頼を得ることができた好例です。

Eメール活用事例

[開業前の事例] ユーザーの不満に耳を傾け、信用を勝ち取る

　Aさんは、インターネットを利用したかつら販売業を始めるにあたり、これからの戦略を練りました。Aさんが行ったSWOT分析は下にある通りです。

　まず自社の「強み」としては、低価格の商品を提供できるということがありました。中国の企業への製造委託などにより、生産コストを大幅に抑えられる目処が立っていたからです。

　一方、最大の「弱み」は、信用の低さだと分析しました。市場は拡大しているものの、大手のシェアが高く、低価格というだけでは、小さな企業の入りこむ余地はないようにも思えました。

　そこでAさんは、まずホームページを開設し、ユーザーの情報を収集してみることにしました。すると、既存商品への不満をはじめ、様々な情報が集まりました。例えば、ユーザーの不満の1つに、購入したかつらのメンテナンス費用など、使い続ける上で必要になる料金が明示されていないということがありました。

　Aさんは、開業に際して、自社にマイナスになる恐れがある情報でも、ユーザーから求められれば、積極的に開示しました。また、Eメールによるユーザーからの相談にきめ細かく対応したり、ユーザー同士が意見交換できるサイトを設けたりしました。安くて信頼できるという評判が広がるまでに、さほど時間はかかりませんでした。

　その後も売上は、順調に推移しています。

AさんによるSWOT分析

	プラス面	マイナス面
内部環境	<強み> ・低価格 ・きめ細かいサービス	<弱み> ・信用の低さ
外部環境	<機会> ・成長市場（高齢化、美意識） ・既存サービスへの顧客の不満	<脅威> ・大手の寡占傾向

出典：国民生活金融公庫

13 パブリシティは効果絶大

　一般的に、プロモーションの流れはプル戦略からプッシュ戦略へ、つまり、広告→パブリシティ→販促→人的販売という流れで行われます。
　しかし、マスコミへの広告は、前述した通り高価で起業家にはなかなか手が出せません。そのため、起業家には、「ちらし」や「DM」、「ホームページ」や「メール」がコスト的に取り得る手段となります。
　そこで注目すべきなのがパブリシティです。パブリシティとは、自社や自社の商品・サービスを記事や情報として無料で取り上げてもらうことを目的に行う手法です。それでは、どうすればマスコミの記事になるのでしょうか。
　マスコミに取り上げられる商品・サービスとは、世のため人のためになる商品、独創的な商品、新しいビジネスモデル、急激な広がりや発展を予感させるサービスなどです。すなわち、優れたビジネスモデルそのものということになります。
　マスコミが取り上げたくなるようなアイデア溢れる商品、サービスを創ってください。そして、その自社の商品・サービスのPRを右のフォーマットに記入してください。その際、マスコミとターゲット顧客の両者が欲しがる情報を提供することが大切です。できあがったパブリシティ・シートは、マスコミ各社にFAX送信したり、最寄りの商工会議所や市役所などに設けられている記者クラブに投函します。

広告	特色	パブリシティ
商品を売りこむ	目的	消費者の理解を得る
市場開発	機能	マネジメント
買い手	スペース取り	マスコミ
高くない	信頼度	客観的で高い
広告面	掲載面	記事面
計画的に可	報道計画	報道サイドが決定

フォーマット21　パブリシティ・シート

| NEWS RELEASE | → カラーにするなど目立たせる |

媒体名・所属・担当者　　　　年月日
　　　　　　　　　様　　　　自社名
　　　　　　　　　　　　　　住　所

　　　　　　　　見出し
本文見出し

本文　　　　　　　　　　　　　　　← 魅力的表現で新しい〜、独創的な〜を開発販売

← 企業理念やポジショニングなどの結果を生かし下記のポイントを訴える
・ターゲットにしている市場は？
・なぜ今この商品なのか？
・どこが顧客の感動を得るのか？
・この商品のどこが従来商品と異なっているのか？　優れているのか？　独創的なのか？

詳細説明

結び　　　　　　　　　　　　　　← 専門用語解説など

← 取材を受けるために必須
会社を売りこむ必要があるので、会社のコンセプトを示す別紙を添付するとよい

本件への問い合わせは下記へお願いします
広報担当
電話　　　　　　　携帯
FAX

（208ページにフォーマット掲載）

第6章▷実行計画を立てる　●　139

14 最重要顧客をとにかく大事にする

　どうすれば顧客を自社の支持客・信奉者にまで高められるのかを起業段階から考えておくことは非常に重要です。起業前にすでに自社商品の購入を約束してくれるような顧客がいれば、その顧客はまさに「支持客」です。これらの顧客には、「上得意客」として特別の対応をしてください。

　上位2割の客で8割の売上を占めると言われ、これを「二八の法則」と言います。2割のさらに2割、たった4％の顧客が64％の売上を占めるとも解釈できます。

　起業家にとっての4％の顧客とは、たった1社、たった1人ということもあり得ます。この最重要顧客に対しては徹底的に尽くすことが、その後の事業の発展に必ずつながります。その1社、あるいは1人のお客様に最高の対応、最高の接客をしてください。

　その重要顧客が継続的に御社に利益をもたらし、さらには次のお客様を紹介してくれる、御社の「福の神」になります。顧客を紹介してくれるかどうか、これが支持客・信奉客であるか否かのバロメーターです。

　重要顧客のところへは何度でも通い、じっくりとニーズを聴き、提案書を作成し、プレゼンテーションを行うことが、必ず次の受注につながるはずです。良い商品・サービスと熱意は、必ずお客様に通じます。

・そのお客様は今、何を一番求めているのですか？
　大切なお客様の喜びのシーンを思い描いてみてください。
・そのために自社に期待されていることは何ですか？
　お客様の「困った」をどうしたら解消できるかを考えます。
・お客様の問題を解決する商品・サービスは何ですか？
　早い、安い、高品質など、自社の得意技を発揮するチャンスです。
・受注につなげる切り札は何ですか？
　顧客を思う、顧客主導、顧客との関係醸成を行います。

フォーマット22　最重要顧客への対応策シート

```
┌─────────────────────┐
│   お客様リストの分析     │
│   最重要顧客の再確認     │
└─────────────────────┘
          ↓
```

ランク [最重要]　お客様 [　A社　]　商品名 [　A商品　]

お客様の真のニーズは何か？ 今、何を一番求めているのか？	従来の発想とは異なる楽しさと便益を提供してくれる安価な商品はないか
今、自社に期待されていることは何か？	お客様の要望に応える商品の開発提供
お客様の問題を解決するサービスは何か？	A商品をお客様の要望を満たすものに改良して提供する
再受注につなげる切り札は何か？	営業提案書づくり 商品展示イベント開催
お客様が自社から離れてしまうリスクは何か？	お客様が購入を見送る場合のコスト上の損害はいくらか 他に及ぼす影響は何か

（209ページにフォーマット掲載）

第6章 ▷ 実行計画を立てる

15 資金繰り対策は入念に

　起業家にとって、起業直後から資金繰りは直ちに重要な仕事になります。設備費や販促費、人件費、仕入費とお金はどんどん出ていきます。一方、売上はなかなかあがりません。資金がショートすれば会社はその時点で終わりです。

　特に、売掛金と買掛金を管理することが、起業家にとっては最大のポイントとなります。取引先が多くなるほど注意が必要です。３カ月以上の長期未収先がある場合には、必ず先方に出向き、自分の目でその会社の経営状況を確認してください。そして、回収を徹底してください。

　手形取引は原則しないにこしたことはありません。手形を入手した場合に備えて、次の３点の判断基準をあらかじめ決めておきましょう。

①期日まで保有するか
②手形割引を行うか
③他の支払先に回すか

　この点は、税理士に相談するのも良い方法です。

　毎月の現金の出し入れの一覧表（売上、借入、仕入、支払、返済）をきちん作成し、短期的にもお金が回っているかがわかるようにしてください。数カ月分の「予定資金繰り表」を作成し、横に実算の金額を記入し、予定と実算の差を常に知り、資金繰り対策を立てます。

　業績が悪化した場合は、日々注意が必要になります。このような場合には「日繰表」も用意します。

　翌月、翌日への繰越がマイナスとなりそうな場合、前渡金受取、受取手形割引、売掛金早期回収、支払延期、借入などの対策が必要となります。

フォーマット23　資金繰り表

(千円)

項　目	備　考	4月予定	4月実績	5月予定	5月実績
前月からの繰越		4,614	4,614	3,479	
現金売上					
売掛金回収	※早期回収	300	200	500	
商手割引	※金融機関で割引				
手形期日入金					
雑収入		6	6	6	
増資　他					
入金計		306	206	506	
仕入現金支払					
買掛金支払	※支払延期	90	90	170	
支払手形決済					
経費	※経費カット	1,351	1,400	1,381	
支払利息					
設備費					
決算関係費	配当、役員賞与、税				
投融資　他					
出金計		1,441	1,490	1,551	
短期借入	※				
短期返済					
長期借入	※			3,000	
長期返済					
財務収支				3,000	
翌月への繰越		3,479	3,330	5,434	
借入金残高				3,000	

※繰越がマイナスになりそうな場合に対策すべき項目

日繰表

日　付	摘　要	入金予定	入金実績	出金予定	出金実績	残高予定	残高実績
4/01	前月より繰越					4,614	4,614
4/01	雑収入	6	6			4,620	4,620
4/05	事務用品費			7	56	4,613	4,564
4/25	給与			600	600	3,569	3,520
4/30	役員報酬			300	300	3,269	3,220
4/30	売掛金回収	300	200			3,569	3,420
4/30	買掛金支払			90	90	3,479	3,330
4/30	翌月へ繰越					3,479	3,330

(210、211ページにフォーマット掲載)

起業事例1

株式会社フィラディス　石田大八朗　代表取締役

横浜市中区元浜町3-21-2　ヘリオス関内ビル3F
Tel　045-222-8875
http://www.rakuten.co.jp/wineclub

　株式会社フィラディスは、状態の良い熟成したワインや通常の流通経路では入手困難なレアワインを、主にヨーロッパの個人収集家から買い付け、流通させることを目的に設立された高級ワイン専門の輸入商社です。都内の一流ホテル、レストラン、ワインバーなどへの販売で順調に業績を伸ばしています。
　石田社長は、学生時代から飲食業で起業することを考えていたとのことで、洋酒会社、ワインの専門商社を経て、2004年に独立しました。以下、石田社長のお話です。

　起業後は忙しくなるので、事業計画書は始める前に書いておいたほうが良いと言われ、諸計画を「P/L」「B/S」「C/F」を含め、1週間ほどで作成しました。C/Fベースで赤字が見込まれ、融資を受けなければ成り立たない計画でした。仕入もあるので意識して細かい計画を作りました。前後して、複数の起業セミナーに参加して事業計画書をリファインしていきました。
　当初は、人脈のあるホテルへの卸販売を7割、個人向けネット販売を3割と想定し、いずれネット販売が卸販売を上回る計画としました。その事業計画書をセミナーの講師に見てもらい手直しを受けました。修正点は大きく2点ありました。
①ネット販売に疑問を持たれ、法人販売主体に修正
②講師の経験から、売上見込みも半分に修正
　これまでの人脈を活かした法人主体の販売をメインにしたのは、今にして思えば正解で、適切な指導を受けたのは大変よかったと思います。ただ、売上については、3カ月目で修正計画の4倍、当初計画の2倍を達成しました。
　資金は目標C/F上でも不足が明らかだったので、国民生活金融公庫に融資の申込をしました。公庫の「開業計画書」を表紙とし、別に完成していた15枚程度の事業計画書をつけて公庫に出向きました。600万円の融資を申請しましたが、400万円に減額され、ネット販売についてはセミナー講師と同じく「慎重に」と言われました。
　資本金500万円の確認株式会社で発足、10カ月で1000万円に増資しました。これは計画通りでした。
　前職時代からの人脈で大手ホテルなど法人10社にワインを納入したことがブランドアップになりました。今は新採用した営業マンの助けもあって小規模企業を含め100社の顧客を獲得しています。これは計画以上と言えます。
　商品はイギリスからの輸入仕入が5割、フランスからが3～4割で、これも前職の人脈を活かすことで、FAX、電話、メールを駆使して行っています。
　商品を高級ワインに絞っていますので、商品価格は1万円台が5割以上、スポット契約でたえず違う種類のワインを顧客に提供できています。また、珍しい商品は予約をいただき、この予約商品が売上の半分以上を占めています。このため在庫をあまり持つ必要がなく、高級ワインをリーズナブルな価格で提供できています。
　売上が計画以上だったので、新規借入も信用金庫、都市銀行からできていますし、温度、湿度を維持できる倉庫を民間のインキュベーション施設から割安価格で提供を受けています。これも起業セミナーのご縁が幸いしました。
　お客様の9割が東京都内のため、物流は宅配便を使用し、原価も予定通り推移しています。為替のアップが唯一計画外といったところでしょうか。社員は2人、他にパート1名で、売上に応じて増員していく計画です。
　今後は、現在主体の卸販売に加え、忙しくてできていない新しい形の小売で次なる発展を期したいと思っています。ただ未経験の新しい分野なので、十分に検討すべき課題と考えています。

> 人脈を活かした顧客開拓、付加価値商品狙い、現金商い、予約販売など、経験から作り上げた巧みな事業計画をもとに、計画以上に順調に進捗している好例です。

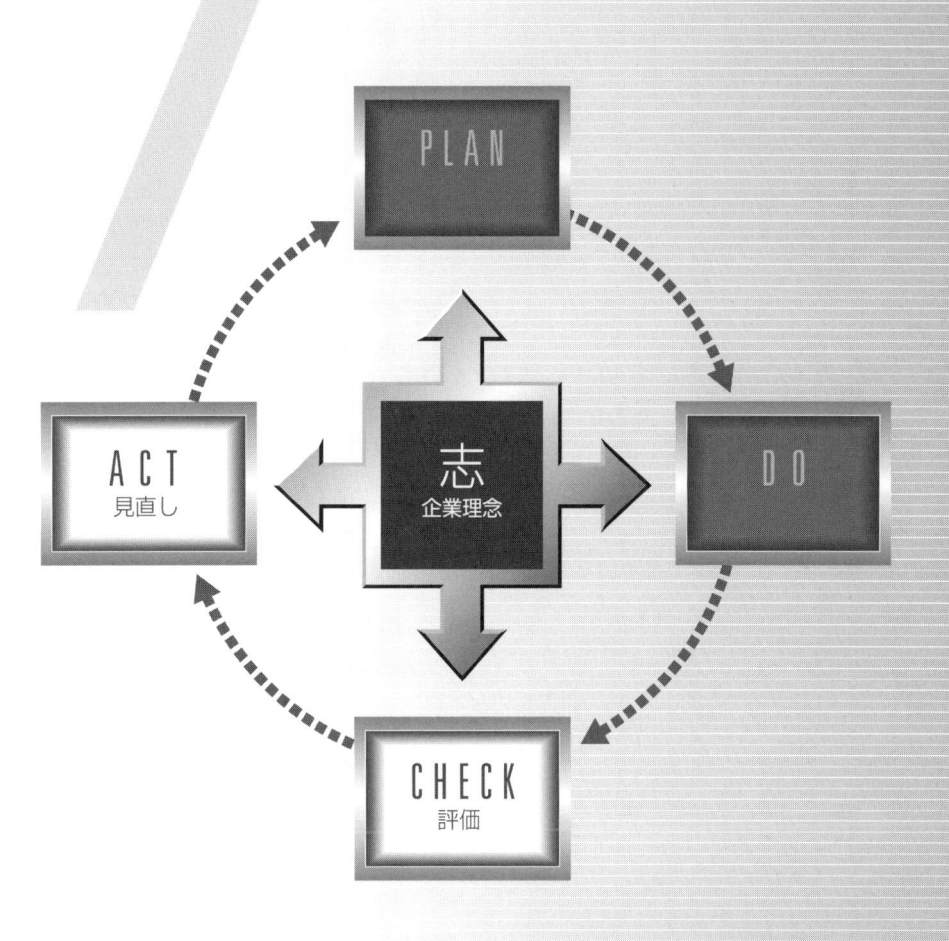

第7章
事業計画を評価し、見直す

PLAN

ACT
見直し

志
企業理念

DO

CHECK
評価

1 創業時の精神・コンセプトを大切にする

　企業経営は、ある意味では宗教みたいなものです。起業家・創業者の志、企業理念、情熱が、永くその会社を牽引する原動力になります。ですから、創業時の精神は絶対に忘れてもらっては困ります。

　事業計画においても、見直すべき部分と、変えてはいけない部分がありますが、「志」や「企業理念」は軽々しく変えてはならないものでしょう。世のため人のため、永く貢献できる企業としてスタートしたときの気持ちを持ち続け、社員と企業理念を共有し続ける企業が勝ち残ることができる企業だと思います。起業当初の厳しい２、３年を乗り切る原動力はこの基本的なところにあるのです。

　事業計画のPDCAで言えば、Pの「計画」、特に「長期ビジョン」も変えて欲しくないものです。PDCAのマネジメントサイクルをきちんと回すためにはスタートであるPLANがきちんと設定されていることが大前提になります。企業理念、ビジョンは変えずに粘る、成功するまでやり通すことが必要です。

　そして、小規模企業の特色、強みである「CS（顧客重視）」「ワントゥーワン（個客対応）」「スピード」「小回りの良さ」なども、会社規模が大きくなっても失ってはならないものと言えます。

　創業時に設けた店、設備もできる限り長期間使い切るという行動も、こうした企業理念や創業の精神の延長線上にあるものだと思います。

　ホンダ、ソニー、３Mなどは今でも「偉大なる中小企業」を標榜し続け、成長を続けています。

　右のＢさんのケースは、起業後苦境に立たされときに、忘れかけていた自分の店の「強み」や「コンセプト」を思い起こし、初心に返って再起することができた好例と言えます。

当初の「SWOT」を思い起こす

[開業後の事例] 薄れていた当初のコンセプトを回復

　Bさんは、駅から離れた人通りの少ない場所に、隠れ家的な雰囲気のワインレストランを開業しました。しかし、開業当初はにぎわっていた店内も徐々に空席が目立つようになりました。駅の近くに、次々と若者向けのレストランが出店していることが、影響しているようでした。

　SWOT分析をしてみたところ、すぐにあることに気づきました。店の「強み」は、もちろんその落ち着いた雰囲気です。ところが、駅前の店に対抗して、流行のメニューを取り入れるなど、せっかくの「強み」を台無しにしてしまっている面が否めませんでした。外部環境の脅威のみに目を奪われていたのです。

　そこで、すぐさまメニュー構成を改めました。また、ワインについての勉強を本格的に始め、ソムリエの資格を取得しました。世界中からワインを取り寄せて、そのワインと店の雰囲気に合う料理のメニューを充実させました。

　客足は確実に戻ってきました。Bさんは事あるごとに「SWOT」を確認するようになりました。

◆BさんによるSWOT分析

	プラス面	マイナス面
内部環境	〈強み〉 ●隠れ屋的雰囲気	〈弱み〉 ●立地の悪さ
外部環境	〈機会〉 ●いやしブーム ●本物志向	〈脅威〉 ●同業店の進出

出典：国民生活金融公庫

2 必要箇所は期ごとに追加・修正する

　「企業理念」や「長期ビジョン」「事業領域（ドメイン）」は、軽々しく変更してはならない部分ですが、「中期業務計画」「年度計画」は必要なら見直しを行い、計画と実績の乖離の原因を徹底的に分析して、計画の修正に反映することが必要です。
　例えば、「売上計画」は見直しが必要です。商品の売行きが思わしくない場合、「なぜ売れないのか」の理由を４Ｐで考え、商品が悪いのか、価格が高いのか、販促戦略がまずいのか、販売経路（チャネル）に問題があるのか、売れない理由を検討し売上計画を修正する必要があります。
　「中期収支計画」の中では、起業家にとって特に重要なキャッシュフロー（C/F）に注意します。営業C/Fは黒字が普通、そして投資C/Fは赤字が普通です。両者を合わせたフリーC/Fが黒字ならキャッシュを借入金返済などに充当できます。創業期、成長期の企業は投資が嵩んでフリーC/Fが赤字になることが多く、財務C/Fの借入金を増やすなど対策が必要です。
　Ｍ社はやってもやっても失敗。しかし、事業計画のどこがまずかったのか、失敗を隠さずにたえず失敗の原因を分析し、事業計画を見直す努力を重ねていくうちに、金融機関の信用を得て、銀行からの融資や、ベンチャーキャピタルからの投資を引き出しました。失敗を良い方向へ生かせるかどうかは、当初作った事業計画が正しかったかどうかの判断材料にもなります。
　当初の事業計画の見直し結果に周囲が良い評価をしてくれないなら、もとの事業計画そのものに問題があったことの証左にもなります。そのときは「撤退」も視野に入れて事業計画そのものの徹底的な再検討が必要になるでしょう。

事業計画の見直し

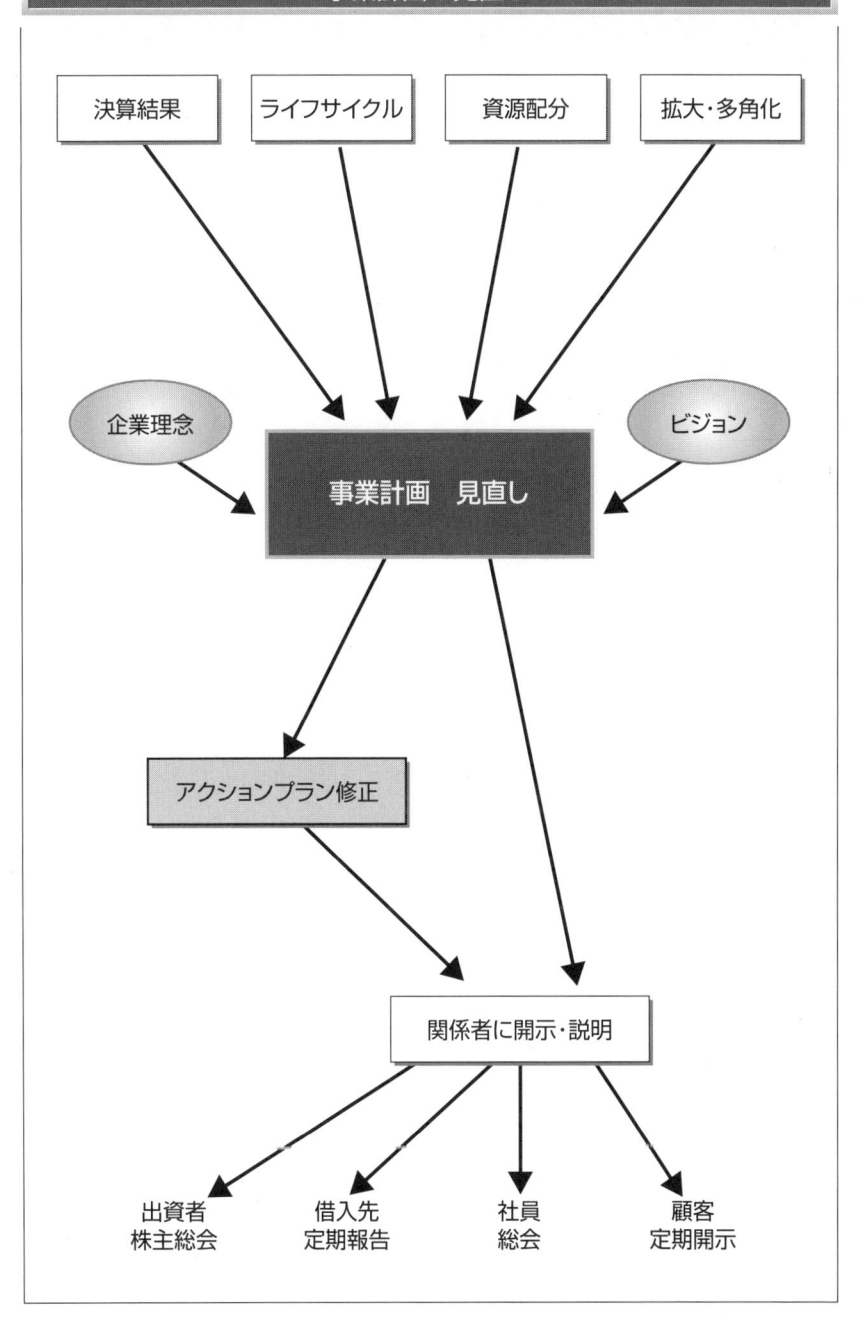

```
┌─────────┐  ┌──────────┐  ┌─────────┐  ┌──────────┐
│ 決算結果 │  │ライフサイクル│  │ 資源配分 │  │ 拡大・多角化 │
└────┬────┘  └────┬─────┘  └────┬────┘  └────┬─────┘
     │            │              │            │
     ↓            ↓              ↓            ↓
  ╭──────╮                                ╭──────╮
  │企業理念│ ─→  ┌──────────────┐  ←─  │ビジョン│
  ╰──────╯      │ 事業計画　見直し │      ╰──────╯
                └───────┬──────┘
                        │
          ┌─────────────┤
          ↓             │
  ┌──────────────┐      │
  │アクションプラン修正│    │
  └──────┬───────┘      │
         │              │
         ↓              ↓
       ┌──────────────────┐
       │ 関係者に開示・説明 │
       └─────────┬────────┘
         ┌────┬──┴──┬──────┐
         ↓    ↓     ↓      ↓
       出資者 借入先 社員   顧客
       株主総会 定期報告 総会 定期開示
```

第7章▷事業計画を評価し、見直す

3 商品・サービスのライフサイクルを見直す

　事業計画を見直す理由の1つに商品・サービスのライフサイクルがあります。3年もすれば世の中が激変する時代です。商品のライフサイクルも短くなってきています。3年ごとに商品の数割を新商品に切り替えている企業もあるくらいです。自社の商品・サービスが、ライフサイクルのどの時期なのか、把握しておく必要があります。

　商品・サービスのライフサイクルは次の4ステージで表現されます。

①市場生成期

　競合商品も少なく、競争より販促のほうが必要。流通面での工夫・努力が欠かせない時期。

②市場成長期

　競合商品が登場。起業家の場合はサービスや二次機能など付加価値をどうつけていくかが課題となる時期。

③市場成熟期

　競争はさらに激化し、厳しい対応を迫られる時期。起業家の場合は独自能力を特定分野に集中させ、差別化策が必要となる。

④市場衰退期

　新たな革新によって新規需要を喚起するか、市場から撤退するかの決断が必要となる時期。

　業種業態によっては、長い期間売れ続けるロングセラーもあります。人間を相手にした介護ビジネス、健康ビジネス、医療ビジネス、癒し系ビジネスなどは、比較的ライフサイクルの長い商品を扱っている業種と言えます。

　一方、ライフサイクルが短い業種の筆頭は、ITインフラを扱うようなテクノロジー系のビジネスでしょう。

商品・サービスのライフサイクル

需要曲線(金額)	生成期	成長期	成熟期	衰退期
顧客	先物好き	先陣派	追随者	遅参族
価格	コスト上乗せ	市場浸透策	競争価格	値下げ
需要	少	増大	顕在化	減少
競争	ない	参入急増	乱戦	撤退企業も
流通取引先	少	急増	多様化	減少
マーケティング戦略	知ってもらう 試してもらう	ブランドアップ	リピーター化	手仕舞い

(需要曲線グラフ：売上・利益の推移)

4　PPMで経営資源の配分を見直す

　PPM（Product Portfolio Matrix：ポートフォリオ分析）は多角経営を行うような大企業の経営手法ですが、起業後1～3年たって、当初計画が達成見込み大となったときに、起業家にとっても参考にすべき点が多いので触れておきます。
　検討されるべき方向性は、次の通りです。

◆**金のなる木**
　投下する資金以上に十分な利益を生み出してくれる稼ぎ頭。現在のキャッシュフローの源。この金のなる木を資金源にして花形や問題児を次の金のなる木に育てる。

◆**花形**
　成長性・シェアともに高い。将来のキャッシュフローの源。投入する資金も多く、金のなる木の予備軍。

◆**問題児**
　将来性はあるがシェアが低く、シェア維持にも多額の資金が必要で利益も低い。育て方によっては金のなる木に成長する可能性も。

◆**負け犬**
　稼ぎが少ない分、資金も多くを必要としない。金のなる木に育てるか撤退するか、いずれか。

　金のなる木の資金を問題児に投資し花形に育成する、花形を金のなる木に育成する、というのが一般的手順とされています。
　限りある経営資源をどのように配分していけば、企業としての成長を持続できるのか、毎期ごとに検討していくことが必要です。

ボストン・コンサルティング・グループのポートフォリオ分析

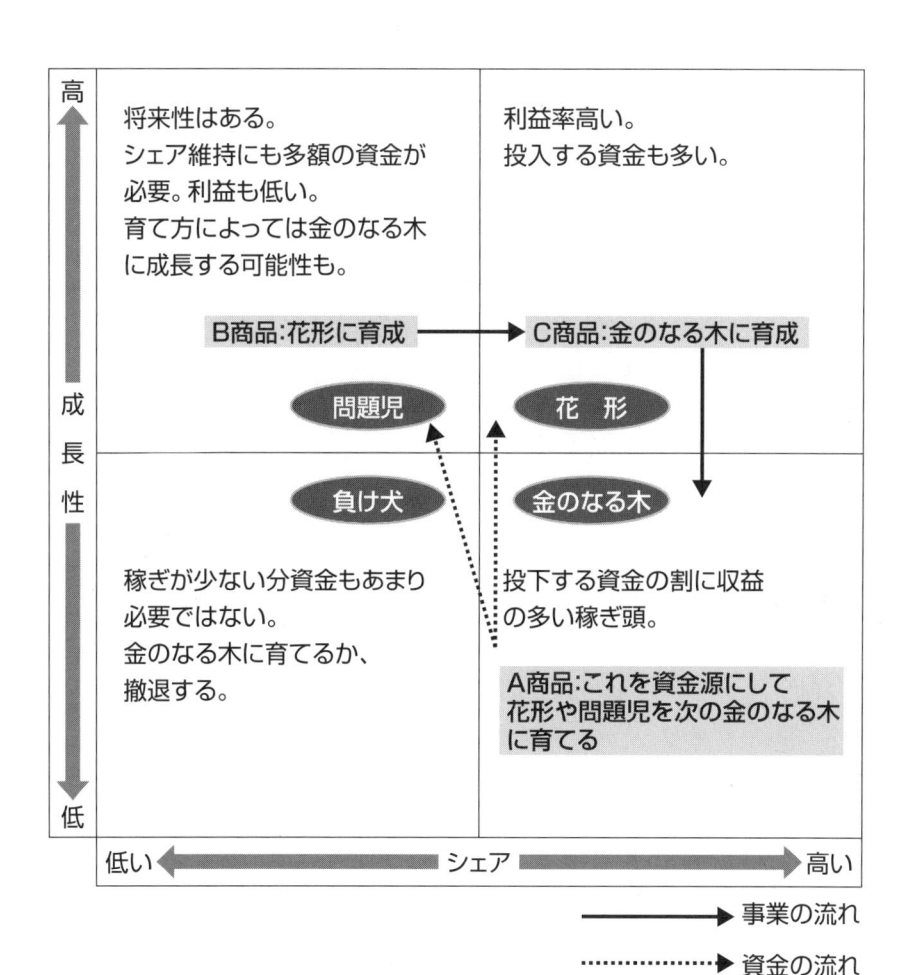

```
高 ↑
│  将来性はある。              利益率高い。
│  シェア維持にも多額の資金が   投入する資金も多い。
│  必要。利益も低い。
成 │  育て方によっては金のなる木
長 │  に成長する可能性も。
性 │
│         B商品:花形に育成 ──▶ C商品:金のなる木に育成
│
│           (問題児)            (花 形)
│                                  │
│                                  ▼
│           (負け犬)            (金のなる木)
│
│  稼ぎが少ない分資金もあまり   投下する資金の割に収益
│  必要ではない。              の多い稼ぎ頭。
│  金のなる木に育てるか、
│  撤退する。                 A商品:これを資金源にして
│                            花形や問題児を次の金のなる木
低 ↓                          に育てる

    低い ←─── シェア ───▶ 高い
```

──▶ 事業の流れ
┄┄▶ 資金の流れ

第7章 ▷ 事業計画を評価し、見直す

5 さらなる拡大戦略・多角化戦略を検討する

　事業が順調に進捗し、当初の年間計画が達成できる見込みの場合、検討される方向の1つが拡大戦略または多角化戦略です。よく知られたアンゾフの成長戦略では、右図のように拡大3戦略と多角化戦略に大別しています。

　起業後の小規模企業の場合には、これまでと全く異なる分野へ進出する多角化戦略は、おおむね失敗します。なぜならば、経験も人脈も顧客もないからです。まずは、拡大3戦略を検討し、一番実現可能性の高い戦略を選択すべきでしょう。

◆拡大3戦略
①市場浸透戦略
　現在の市場で、現在の商品をより多く売る戦略。市場深堀戦略とも言う。優良顧客化・ヘビーユーザー化・顧客囲い込みを行う。
　例：テレビの1人1台化など。
②市場開拓戦略
　現在の商品を新市場に売る戦略。
　例：海外に進出、対象年齢を拡大、専門家向け商品を一般消費者にも売る、スニーカーをタウンシューズとして売る、など。
③商品開発戦略
　現市場に新商品でチャレンジする戦略。開発力が決め手となる。
　例：付加価値をつけて改良した商品、小型ビデオ、小型パソコン、アナログ機器からデジタル機器へ、など。

◆多角化戦略
　上記拡大戦略で成果が出ない場合、新事業を追加して勝負する。リスクも大きいため、好況時に踏み切る例が多い。

アンゾフの成長戦略

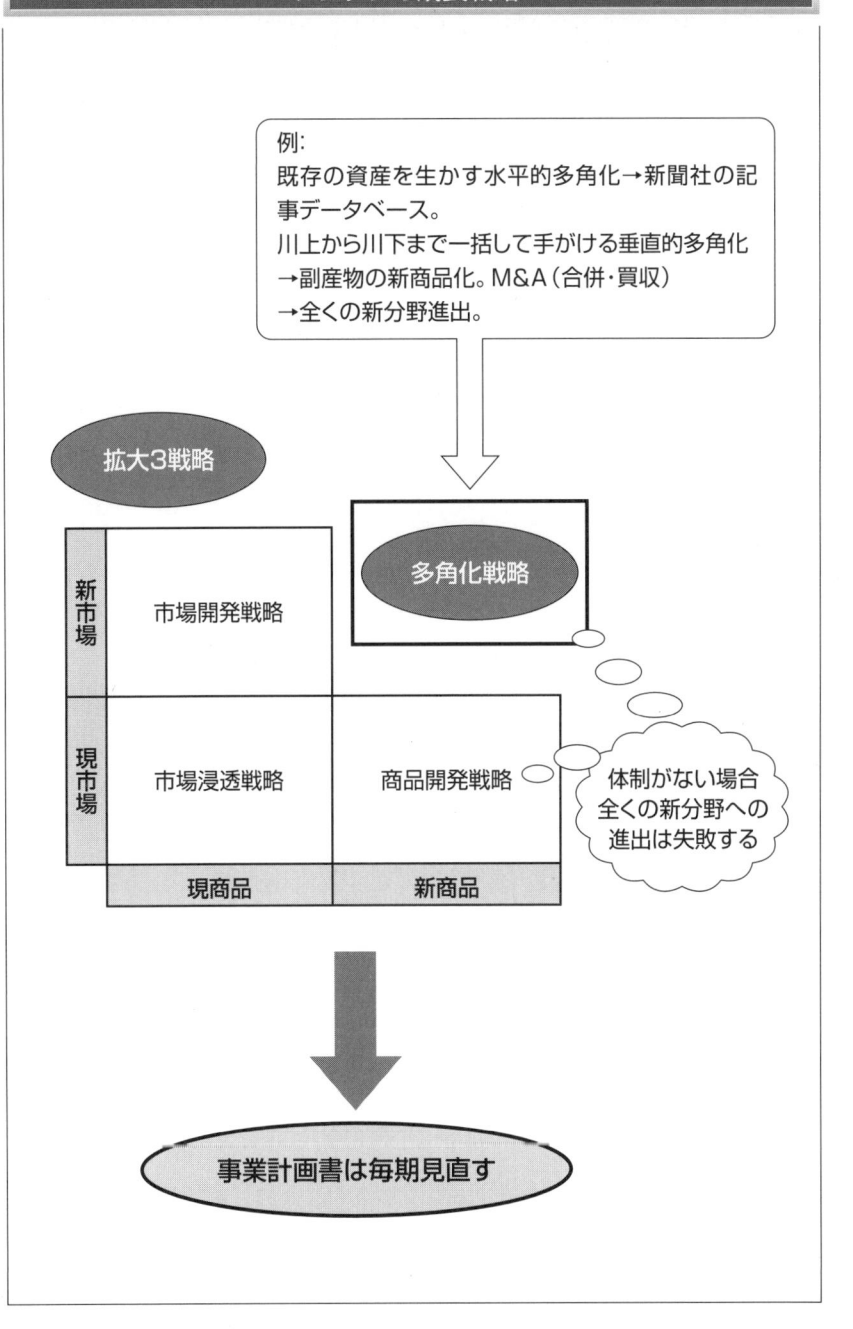

例:
既存の資産を生かす水平的多角化→新聞社の記事データベース。
川上から川下まで一括して手がける垂直的多角化→副産物の新商品化。M&A（合併・買収）→全くの新分野進出。

拡大3戦略

	現商品	新商品
新市場	市場開発戦略	**多角化戦略**
現市場	市場浸透戦略	商品開発戦略

体制がない場合全くの新分野への進出は失敗する

事業計画書は毎期見直す

6 株式公開のメリットは何か

　株式公開とは、同族、または特定少数者を株主とする株式会社が、所定の手続きに基づき、証券市場を通じて自社の株式を一般投資家が自由に売買できるようにすることを言います。企業が社会的な存在になり、広く社会から資本を集め、多数の人々が容易に会社に関与できるようになります。

　日本の株式会社約200万社の中で、公開しているのは約4000社ですが、平成になってからは増加しています。特にバブル期には、猫も杓子も上場して巨額のキャピタルゲインを得ようとする動きが加速しました。

　通常の起業の場合は、小さく始めて徐々に軌道に乗せていくケースが一般的ですが、天才的ビジネスや革新的技術を持っての起業の場合は、株式公開を狙うことで資金調達を図ることが視野に入ってきます。

　当初、株式公開のつもりがなかった企業も、成長路線に乗れば、当然株式公開が計画に織り込まれて然るべきです。株式公開のメリットとしては次のようなことがあげられます。

◆**会社のメリット**
　・資金調達力の増大　・財務体質の充実　・優秀な人材の確保
　・組織強化、内部管理体制の充実

◆**株主のメリット**
　・保有株式の売却機会の実現、流通性の増大　・創業者利潤の実現
　・保有株式の資産価値の増大

◆**社員のメリット**
　・社会的信用の増大　・ストックオプションによる資産形成

　新興企業向け市場であるJASDAQの場合の上場基準は右表の通りです。東証などの上場基準より緩やかな基準となっています。

JASDAQ上場基準

株主数	上場日における上場申請にかかわる株式（自己株式を除く）の数（見込み） （注1） ・1万単元（1万株）未満の場合300人以上 ・1万単元（1万株）以上2万単元（2万株）未満の場合400人以上 ・2万単元（2万株）以上の場合500人以上
時価総額	自己株式を除き、上場日において10億円以上（見込み）
利益の額	直前事業年度における当期純利益金額が黒字または経常利益金額が5億円以上。ただし、新規公開時における時価総額が50億円以上（見込み）である場合には、当期純利益金額および経常利益金額は問わない（注2、3）
純資産の額	直前事業年度末において2億円以上（注2、3）
監査意見等	（1）直前期は無限定適正であること （2）最近2事業年度に「虚偽記載」を行っていないこと
上場前の第三者割当増資等および株式等の移動等	「上場前の公募または売出し等に関する規則」に適合しない第三者割当増資等および特別利害関係者等の株式等の移動が行われていないこと

（注1）単元株制度を採用しない場合には、「単元」を「株」と読み替える。
（注2）連結財務諸表を作成している場合には連結ベースで、作成しない場合には単体ベースで判定。
（注3）直前事業年度の次の事業年度開始後おおむね13カ月経過後に有価証券届出書を提出する場合で、当該次の事業年度の業績の概要を記載する場合は、当該次の事業年度の当期純利益金額、経常利益金額および純資産の額とすること。

出所：http://www.jasdaq.co.jp/list/list_23.jsp

7 バランススコアカードによる事業計画の管理

　事業計画は実行段階で90％が失敗するという見方もあります。つまり、事業計画がその通りに「実行」されなかったということです。きちんと「実行」するためにはそれなりの手順が必要です。特に、「誰が」「いつまでに」を明確に定めることがポイントになります。

　それらを管理するために生まれたのがバランススコアカード（BSC：Balanced Scorecard）という業績管理のコンセプトです。BSCはハーバードビジネススクールのS・キャプラン教授らが開発した事業計画管理を含む総合的な成果達成の管理のための仕組みです。

　事業計画段階で、①財務的視点、②顧客の視点、③業務プロセスの視点（企業内部）、④学習と成長の視点（技術革新・ノウハウ蓄積）の4つの視点に分類し、達成すべき業績管理指標の各人への割り振りによって、実施の段階でそれぞれの業績管理指標のモニタリングを可能にするやり方です。

　事業計画は良いが、投入する資源が不明確であれば成功はおぼつかなくなります。枠組みの中で行われる組織の各人への責任の割り振りがカギになります。責任が人にやる気、意欲を持たせて行動に導く大きな要因になるのです。評価の方法と報酬まで結びつけて、理想的な事業計画の達成のマネジメントサイクルが機能します。

　BSCは、PDCAを科学的に回していくための基本的なやり方です。BSCでも社員、顧客、株主と社長との関係が基本に据えられています。

　BSCの一例を右に記します。起業の場合、ここまで細かく作るケースは多くありませんが、4つの視点で考えるという点や、「誰が」「いつまでに」やるかを明確にするといったところは計画の中に折り込んでいくことが必要です。

フォーマット24　バランススコアカード

4つのバランスを総合的にコントロールする

4視点	戦略目標 (重要成功要因)	責任者	業績管理指標	ターゲット	具体的プログラム	評価	
財務	フリーC/Fの増大	社長	フリーC/F額	前期比　％増	上期　％増 下期　％	100点	株主
	販促費率の低減	社長	販促費原価率	前期比　％減	上期　％減 下期　％	95点	
	売上アップ	社長	売上高伸び率	前期比　％増	上期　％増 下期　％	90点	
↑連鎖							
顧客	納期短縮	役員A	納期リード タイム短縮率	前期比　％短縮	上期　％短縮 下期　％	100点	顧客 CS
	クレーム対応の向上	役員A	リピート客数	前期比　％増	上期　％増 下期　％	95点	
	商品アイテム拡大	役員A	アイテム数	前期比　％増	上期　％増 下期　％	90点	
	商品機能アップ	役員A	新機能数	前期比　％増	上期　％増 下期　％	90点以下	
↑連鎖							
業務プロセス (企業内部)	受注体制強化	社長	受注件数	前期比　％増	上期　％増 下期　％	100点	社員・関係者 ES
	品質管理強化	役員A	クレーム件数	前期比　％減	上期　％減 下期　％	90点以下	
	流通網確保	社長	契約社数	前期比　％増	上期　％増 下期　％	90点	
↑連鎖							
学習・成長 (技術革新 ノウハウ 蓄積)	社内のコミュニケーション向上	社長	社長からの発信回数	前期比　％増	年度　％増	100点	社長 リーダー
	OJTの実践	社長	社長のOJT回数	前期比　％増	年度　％増	95点	
	マニュアル整備	社長	頁数	前期比　％増	上期　％増 下期　％	90点	
	インフラ整備	社長	投資額	前期比　％増	上期　％増 下期　％	90点以下	

(212ページにフォーマット掲載)

起業事例2

日本イルミネーションシステム株式会社　原田実　代表取締役

横浜市中区住吉町3-35-1　起業プラザ
Tel　045-222-0520
http://www.jis-web.com/

　原田社長は、高校を卒業後、日産自動車系ディーラーに入社。1984年に独立し、自動車販売兼修理業を創業しました。1991年には売上が11億円となり順調に伸びていました。
　その当時、入庫してきた車の光るメーターを見て、「どこを探しても光源がない！」ことに衝撃を受けます。それが無機 EL（エレクトロ・ルミネッセンス）との出会いだったそうです。以降、EL の研究を開始。EL とは電流を通すと発光する画素のことで、発光体に無機物を使うか有機物を使うかで無機 EL と有機 EL に分かれます。原田社長は、無機 EL の未完成なところに逆に魅力を感じ研究を開始しました。
　1995年には車の販売業をやめて EL 研究に没頭。自動車会社時代の信頼関係と人脈で海外大手の EL 技術を独学で習得し、何十万円もする英語の解説書を取り寄せ、通訳だった奥さんの助けも借りてそれを読破し、海外の技術を組み合わせて商品を開発します。こうして約5年の歳月をかけて無機 EL をものにしました。
　1998年、光る EL メーターを発表。販売人脈もあって5万セット、1億円を売り上げますが、「小さい EL はやめた」と他社に権利を売って撤退します。2000年に、資本金1000万円で日本イルミネーションシステム株式会社を設立。
　2000年6月には、光る携帯ストラップを東急ハンズで販売開始します。テレビ東京の「ワールドビジネスサテライト」という番組を見て、「あのテレビ番組に出よう！」と考え、すぐに電話と FAX をします。
　2000年7月に同番組が原田社長の商品を採り上げ、放映。直後から電話と FAX で問い合わせが殺到。9月に日立エンジニアリング社 EL 部門と業務提携し、研究・開発、製造の両面で全面的バックアップを得ます。12月に吉本倶楽部（吉本興業商社部）とも代理店契約。翌年2月にはナカ工業と契約。いずれもテレビ放映の絶大なる効果だったそうです。
　2001年3月、第1回湘南ビジネスコンテストで大賞を受賞。ここでさらに人脈を拡大します。2002年には、人脈もあって福岡ドームに世界最大3m×9mの EL を使った光る大看板を納品。大型から極小までこなす EL 会社として脚光を浴びました。以下、原田社長の事業計画についてのお話です。
　事業計画書は、最初はその道のプロのお世話になって作成しました。バブル全盛期だったので、プロの教えてくれた事業計画書は投資資金獲得のための作文的要素もなきにしもあらずだったので、自分の夢と希望と現実を加味し作り直しました。
　仕事の特性、特徴、商品に対して自信もあるがリスクもあるということを正直に事業計画書に書きました。競合企業もあり、やろうとしている業界のことをきちんと調べ、すべて知った上で自信のある対応策を記載しました。
　自分が今までやってきたこと、これからやること、その際に障害になること、必要な資金額、自分の性格や欠点まで、すべてをオープンにするため事業計画書にきちんと書きました。無理に作文をしてもダメで、嘘は見破られると感じました。
　現在、事業は計画通りに進捗しています。EL 事業に加え、LED 事業についてもビジネスの柱に育てていくことになりました。事業計画は臨機応変に修正していくものだと考えています。私の場合は、2カ月ごとに書き換えています。
　事業計画書は当社の履歴書兼希望書みたいなもので、見れば会社の過去と未来がわかるように作っています。事業計画書の内容を変えたら、金融機関にその都度持って行きますが、銀行からは珍しがられます。事業計画書は、お互いの信頼関係を醸成するのに必須だと思っています。

> 　原田社長は、現在も関連する研究・開発を継続的に行っており、次々と新商品を生み出しています。技術に対する鋭い触覚と、何でも自分で作ってみせるという開発魂・技術者魂は「凄い」の一言に尽きます。

第8章
事業計画を磨く・説く

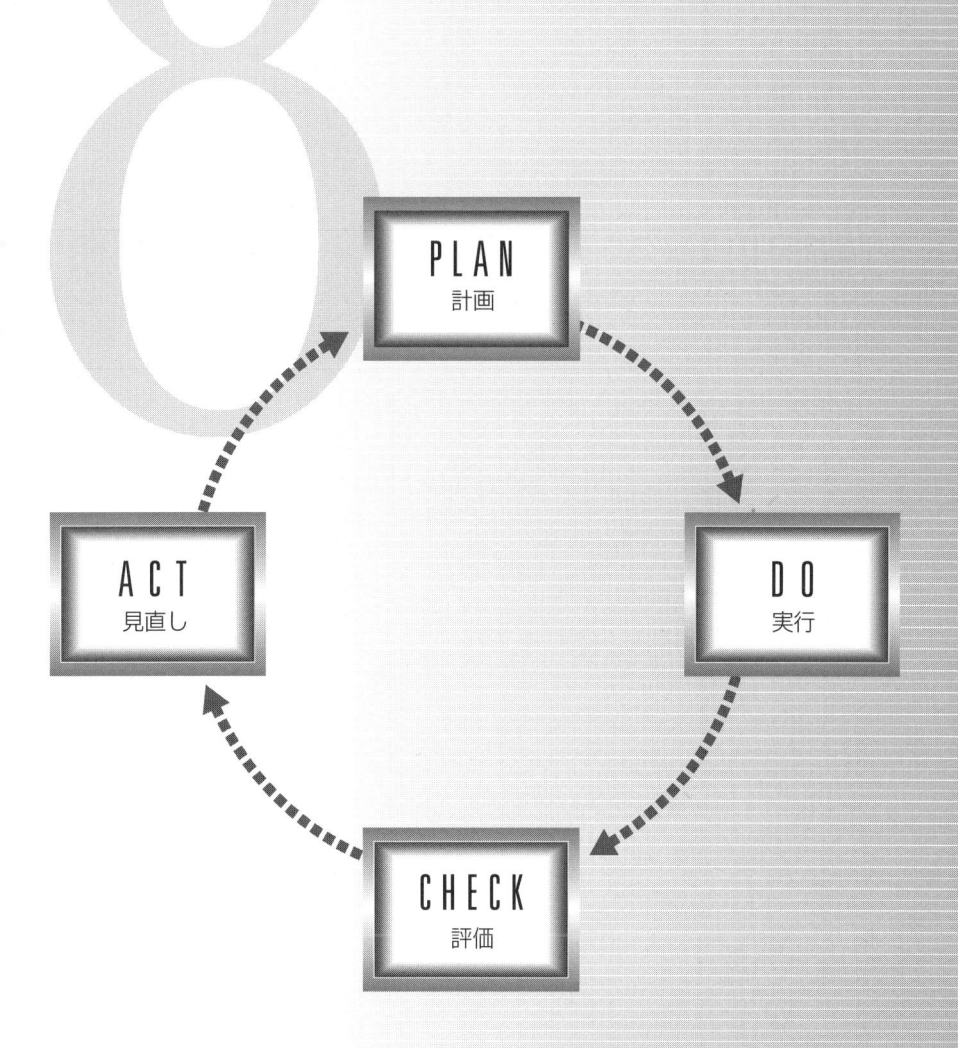

- PLAN 計画
- DO 実行
- CHECK 評価
- ACT 見直し

1 感動させる事業計画書の書き方

　これまでで、起業のための事業計画が固まりました。最後に事業計画書としてまとめあげる努力をしてください。

　事業計画書を書く際に心して欲しいことは、「聞く人に感動を与えられるような事業計画書を書く」ということです。自分の思い、信念を100％訴えることが必要となります。体裁が大事だということではありません。大事なのは中身そのものです。読む人、聞く人の立場に立って、訴えたいことを簡潔に要領よくまとめてください。

　それでは、どんな事業計画書であれば、聞く人の賛同が得られるのでしょうか。第一は、起業家の夢や志が見事に結実した事業計画になっていることです。企業理念や起業の目的が明確で、「もう少しで夢がかなうのであれば、ぜひ応援したい」と思わせる内容なら合格です。

　第二は、長期計画が戦略性に富んでいることです。ありきたりの内容では協力者・支援者は現れません。

　第三は、中期計画が具体的で説得力があることです。どれだけ周囲の人を巻き込んでいるか、どれだけ事前調査が行われているかがポイントになります。市場調査をきちんと行い、顧客の声がよく反映されている事業計画は安心して聞くことができます。企業前に見込み客をある程度つかんでいたり、有望な協力者がいれば合格でしょう。

　さらにリスク対策まできちんと考えられていれば、出資者に安心感を与えることができます。

　事業計画書の説明では、自分の思い、信念を100％訴えることが必要です。社内外の人に説明し、相手の「共感」「期待感」「信頼感」を得られる事業計画書にしていってください。

感動させる事業計画書の書き方

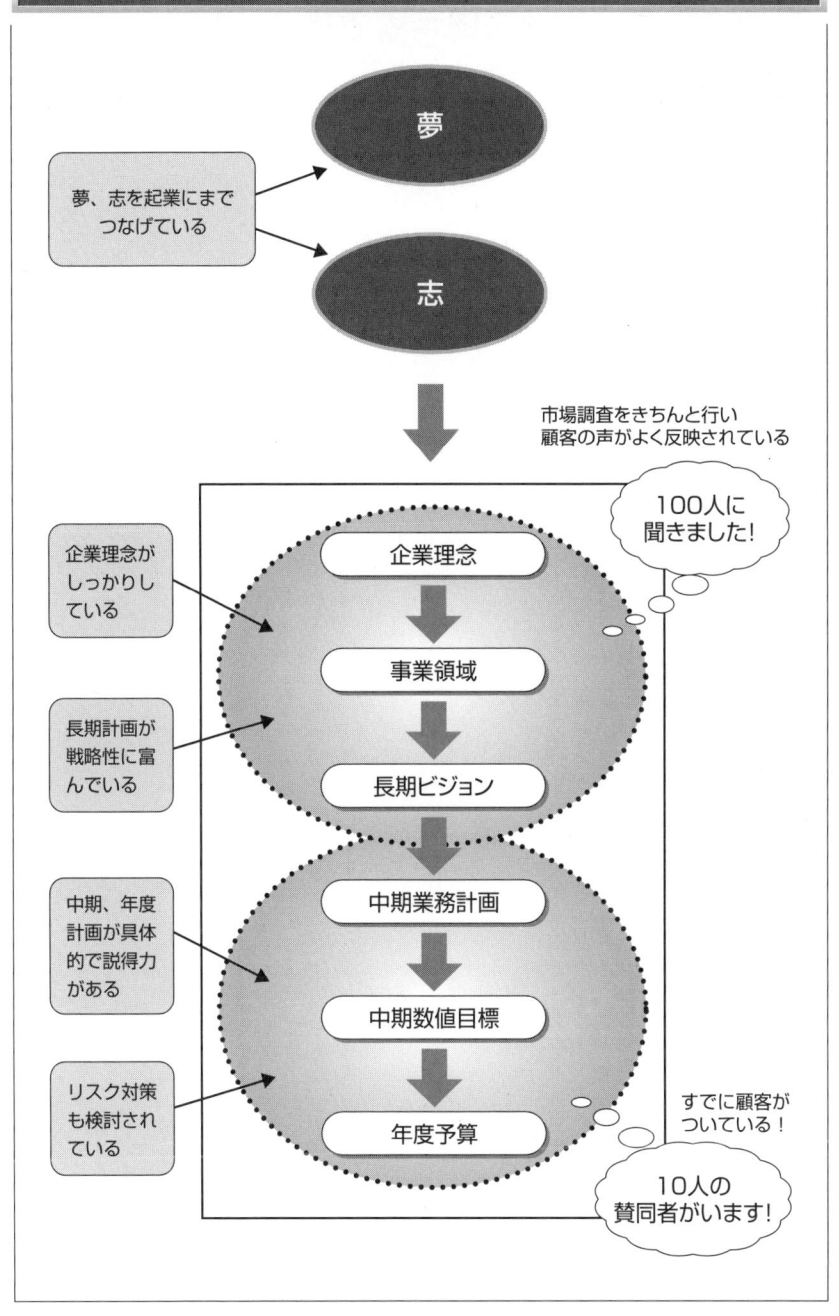

夢、志を起業にまで
つなげている

→ 夢
→ 志

市場調査をきちんと行い
顧客の声がよく反映されている

100人に
聞きました！

- 企業理念がしっかりしている → 企業理念
- ↓
- 事業領域
- ↓
- 長期計画が戦略性に富んでいる → 長期ビジョン

- 中期、年度計画が具体的で説得力がある → 中期業務計画
- ↓
- 中期数値目標
- ↓
- リスク対策も検討されている → 年度予算

すでに顧客がついている！

10人の賛同者がいます！

第8章 ▷ 事業計画を磨く・説く　163

2　事業計画は三現主義で作る

　事業計画作成で大事なことは「現場」で「現物」で「現実的」にということです。これが「三現主義」と呼ばれるもので、極めて重要です。ろくに調べもしない机上の空論では事業計画は作れません。なぜなら、机上のプラン、判断はすぐに破綻するからです。PDCAのマネジメントサイクルをきちんと回すためには、すべてのフェーズとも「現場」へ出て考えることが重要です。特に、顧客のところへ行くことが重要です。顧客のところを片っ端から回るのです。
　小倉昌男ヤマト運輸元会長は、「優れたサービスとは客がして欲しいと思うことをすること」と言います。「たたかねば戸は開かない、訪ねなければ意見は聞けない」とは、全国の酒店をつぶさに回り店主の声を集め、スーパードライを開発し、アサヒビールを完全復活させたアサヒビール元会長樋口廣太郎氏の名言です。
　社内においても、従業員のいる現場へ足を運ばねば問題は解決しません。「問題はすべて現場にある」とは日産のカルロス・ゴーン社長の言葉です。
　起業家は、現場に飛び込んで、肌で感じて実行する。これが成功への王道です。自分の五感を研ぎ澄まして、売れ行き商品や市場価格、原価の感覚をつかんでください。「現場」で顧客の意見に耳を傾け、その声を事業計画に反映させて成功につなげましょう。

　　　　訪ねる　⟶　話す　⟶　聴く　⟶　調べる　⟶　書く

三現主義の実例

現場	**〈お客様に会って〉** 「たたかねば戸は開かない、訪ねなければ意見は聞けない」とは、全国の酒店をつぶさに回り店主の声を集め、スーパードライを開発し、アサヒビールを完全復活させたアサヒビール元会長樋口廣太郎氏の名言です。 ネット直販のデルの真骨頂は、企業に泥臭い営業をかける「直販」。現場の声とサイトに寄せられる顧客の声を商品開発に活かす。
現物	**〈商品を手にとって〉** 商品を開発しようとするなら、タウンウォッチングに出て類似の「現物」を五感を働かせて、見る、さわる、聞く、しっかり分析する。客観的な心境で事実を見る、見抜くことが大切です。 トヨタのものづくりの基本は徹底した「現地現物主義」にある。生産現場に何度も足を運び、ものに触れ、確認をすることで問題点を洗い出し、カイゼンを進める
現実	**〈地に足のついた〉** バレンタインチョコのお返しチョコを買うのは主婦が大半。義理チョコをもらったご主人に頼まれて買いにいく。主婦が好む商品を揃えることが必要だ。営業現場で現実を直視することが真の販売計画作りにつながる。 2002年ノーベル物理学賞受賞の小柴昌俊東大名誉教授の考え方も「実験屋」。教科書を信用せず、現物、現実を重視した。

3　計画書の段階から妥協してはダメ

　事業計画書を作成する目的が何だったか？　覚えていますか？
①**事業として成り立つのかを検証する**
②**第三者に説明する**
③**出資、融資を受けるため**
④**取引先との信用醸成**
⑤**失敗を次に生かす**
⑥**そして、何にもまして「成功」するため**

　最初に固めた企業理念を後退させたり、現実に負けて妥協してはなりません。もちろん事業計画は修正もあり得ます。しかし、変えてはいけない根幹の部分もあります。修正をする場合もなぜ修正するのか、本当に修正することが良いのか、自分で納得いくまで調査して修正すべしとの結論に至ってはじめて軌道修正すべきです。志や企業理念は最後まで大事に守り通してください。

　とりあえずこの程度にしておこう、とりあえずこれでいこう、と「とりあえず」を3回以上繰り返すようなら、その計画は、当初の計画とはかけ離れたもの、最初の志や思いとは異なったものになってしまっているはずです。最初から妥協してしまっては、事業計画づくりは落第です。

　とりあえず机の上で考えたものですまそうとすれば、良い計画などできません。顧客のところを徹底的に回り、その声を反映してビジネスプランを磨き、1人でも多くの顧客を「起業前に」確保することに注力して下さい。

　石の上にも3年、起業当初の生みの苦しみに持ちこたえるには、何度も言いますが、志とやる気を反映したしっかりとした事業計画が必要なのです。説得力のある共感を呼ぶ事業計画書を作ってください。

計画書の段階から妥協してはダメ

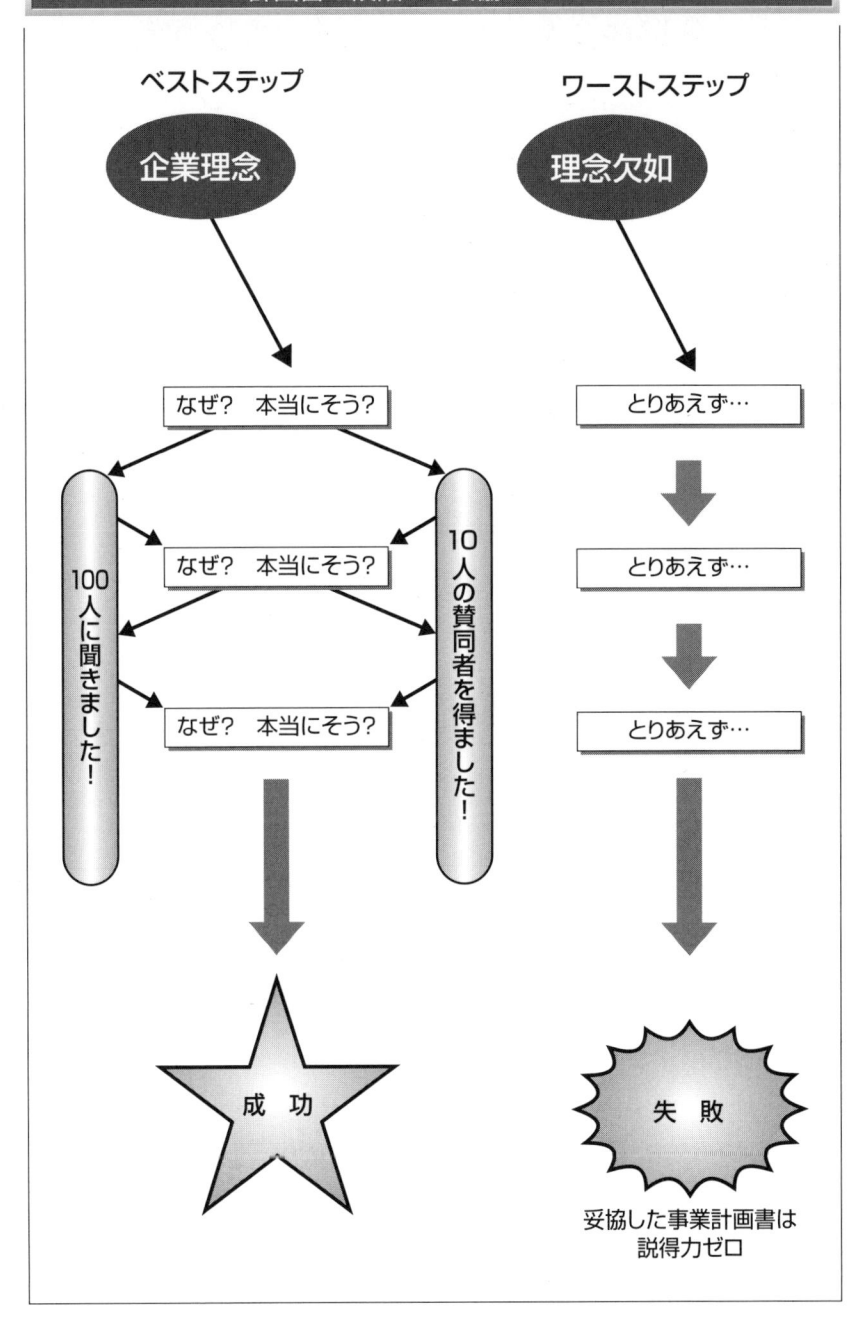

ベストステップ

企業理念

↓

なぜ？ 本当にそう？

↓↕↕↓

100人に聞きました！　　なぜ？ 本当にそう？　　10人の賛同者を得ました！

↓↕↕↓

なぜ？ 本当にそう？

↓

★ 成　功

ワーストステップ

理念欠如

↓

とりあえず…

↓

とりあえず…

↓

とりあえず…

↓

失　敗

妥協した事業計画書は説得力ゼロ

第8章▷事業計画を磨く・説く　167

4 戦略から戦術へブレークダウンする

　事業計画作成にもいくつかの段階があります。大局的・総括的部分も必要ですし、詳細な説明資料も要ります。

　事業計画を第三者に説明するときは、時間も限られているケースが多いので大局・戦略を中心に行います。相手によって訴えるポイントを変えながら、「資金を提供して欲しい」「パートナーになって欲しい」など、結論を先に簡潔に述べます。時間と相手の関心度合いを見ながら、必要な詳細部分を補足していくのが良いでしょう。

　事業計画の要点をワンシートにまとめておくことも重要です。国民生活金融公庫に提出する「開業計画書」もＢ４判１枚です。これら表紙にあたる「総括表」に加えて、必要な別紙明細を各種層別に用意しておくと良いでしょう。

　事業計画書の作成も「着眼大局、着手小局」で行ってください。事業計画の説明の場合も、まずは大局・結論を述べることが重要です。PLAN（計画・戦略）では大局を述べ、実行計画（DO）では、抜けのないようより細かく詳細資料を作成してください。

　事業計画を使用する目的と説明する相手を想定しながら、事業計画書を作成します。目的や相手が変われば、必要な事業計画書も変わるということです。

　事業計画書も事業計画の細部を詰める過程では矛盾も見つかることでしょう。疑問点は何度でも練り直す必要があります。細部になればなるほどきちんとした裏付けが必要ですから、現場での確認も欠かせません。顧客の声や関係者の意見を広く聴き、計画に反映させることが大切です。

戦略から戦術へブレークダウン

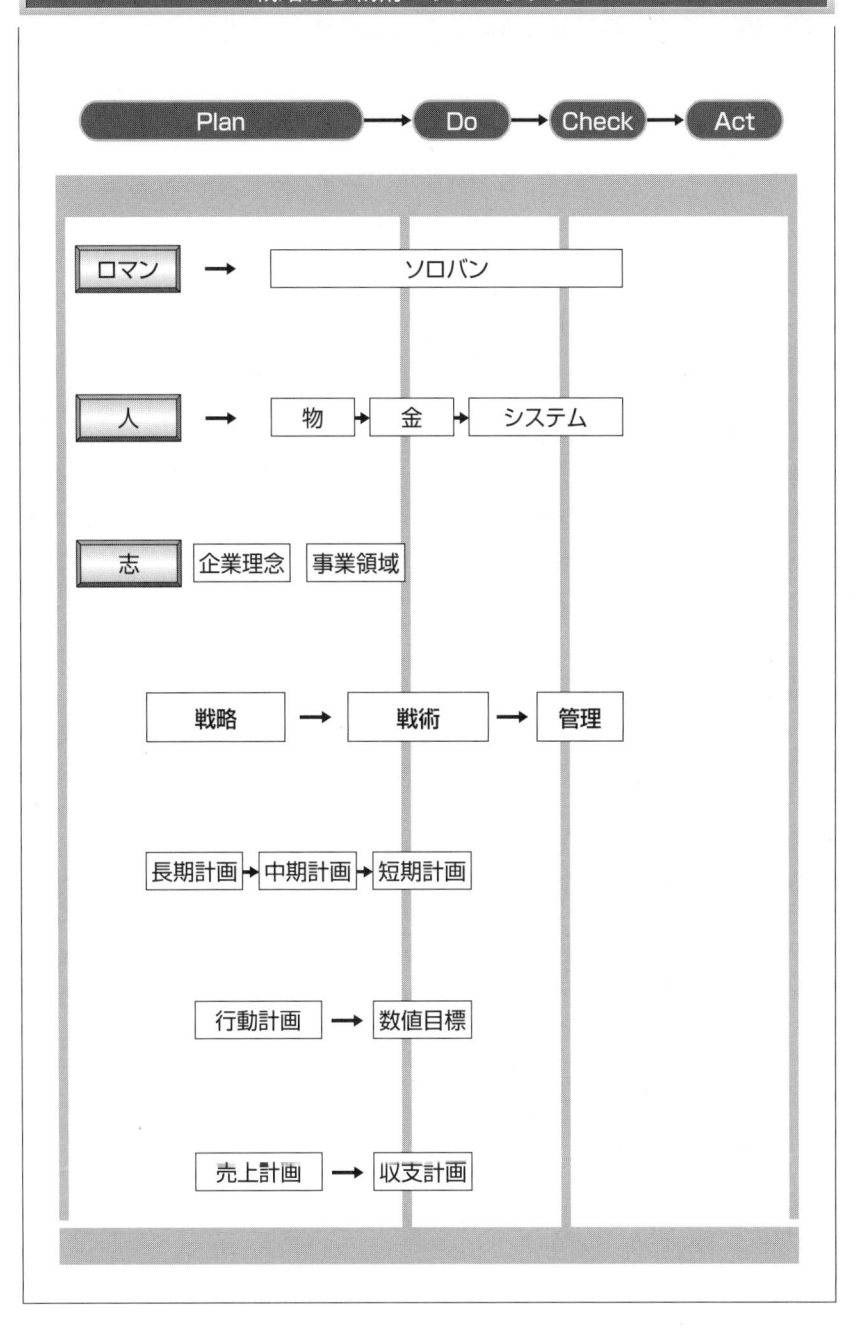

Plan → Do → Check → Act

- ロマン → ソロバン
- 人 → 物 → 金 → システム
- 志 | 企業理念 | 事業領域
- 戦略 → 戦術 → 管理
- 長期計画 → 中期計画 → 短期計画
- 行動計画 → 数値目標
- 売上計画 → 収支計画

5　３年先から今日まで遡る

　短期志向で経営を行うビジネスモデルの場合は、事業計画を考えるより「まずは実行」というケースもあります。一方で、業種業態によっては10年、20年先まで計画すべきビジネスもあります。
　起業家の場合、一般的には３年くらい先を見据えた事業計画が必要です。現在の世の中の変化の激しさ、技術革新のスピードの速さを考えると３年先を読むことも難しい時代になってきましたが、やはり３年間を先見した中期計画は用意すべきでしょう。

◆**長期**：５年以上：企業ビジョン、長期経営戦略
◆**中期**：３～５年：中期実行計画
◆**短期**：　１年　：実行計画、予算

　本書では、まず長期ビジョンと中期業務計画を作りました。そして、これらをもとに目標P/L、C/F、B/Sを、１年目は月別に、２年目、３年目は年別に作成しました。
　目標達成のために３年目はどうあるべきか→２年目は？→１年目は？→６カ月先はどうなっていれば良いか？→来月はどうする？→来週は？→明日はどうする！　と具体的な行動レベルまで落として考えていけば、事業計画の不備が見つかるはずです。そうした不備を丁寧に修正していくことで事業計画が迫力を増してきます。
　「夢に日付を」と言ったのは、ワタミフードサービスの渡邊美樹社長です。事業計画でも、明確な日限を切り、強力に実行を課せば、実行に向けて社内がまとまります。
　「誰が」「いつまでに」何をやるかを明確にして、「実行」へ向けて全社員のやる気を醸成するのが企業トップの役割です。

3年先から今日まで遡る

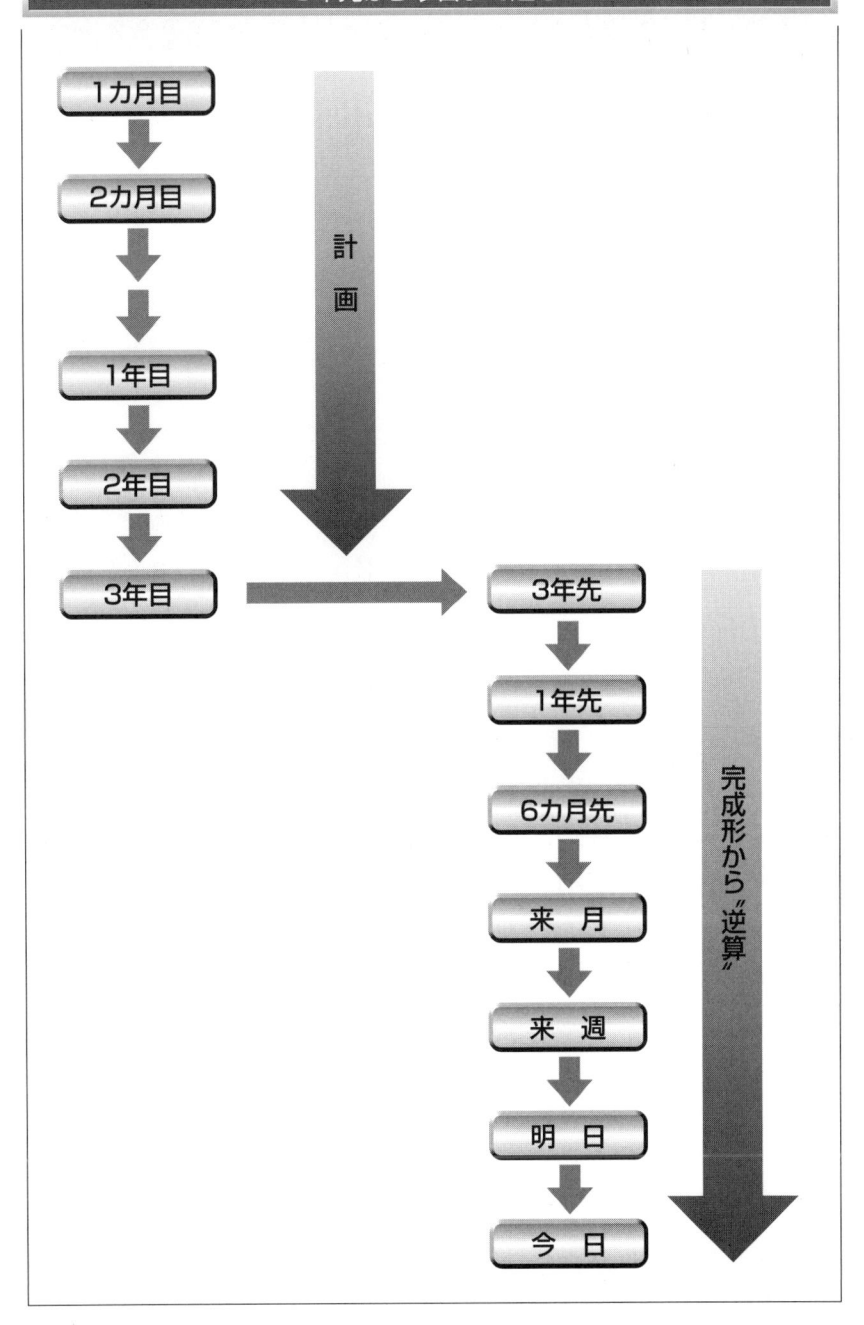

- 1カ月目
- 2カ月目
- 1年目
- 2年目
- 3年目

計画

- 3年先
- 1年先
- 6カ月先
- 来月
- 来週
- 明日
- 今日

完成形から"逆算"

第8章▷事業計画を磨く・説く ● 171

6 見えないところでの深い検討が事業計画の迫力を増す

　社内外の人に事業計画書の内容を的確に伝えるためには、事業計画書本編を補完する詳細資料を目的に応じて様々に用意することが必要となります。特に、金融機関向けのプレゼンテーションの際には、事業計画書本編に加えて詳細別紙も効果的に提示・説明できるように準備しておきましょう。

　見えないところでの深い検討が事業計画の迫力を増します。感動をあたえる事業計画書、信頼度を上げる詳細・補完資料で、聞く人を納得させ、自分も協力したい、参画したい、融資・投資したい、商品を買ってみたい、商品の卸を担当したい、などの賛同を得ることができれば成功です。

　業種業態、説明の相手によっても異なりますが、右図のような詳細資料が考えられます。

　企業理念の資料としては、経営者個人の履歴書・経歴書、個人の資産内容を準備しておきましょう。事業領域や環境分析の資料としては、政府発表の公式資料、新聞記事などが必要です。周囲の人の意見を聞いた結果を示すため「100人に聞きました！」といった資料が用意できれば迫力満点です。

　商品については、試作品やサンプル、なければ図面やスケッチがあれば非常に有効です。仕入先や販売先について目処がついていれば、それらを一覧表にして、「すでに10人の賛同者がいます」といった資料を用意できれば、その事業計画の信頼度がさらに高まることになります。

　この人には事業計画書のここを強調しよう、この役所にはこの詳細資料をこのタイミングで提示しよう、など聞く人の立場に立って資料の準備をし、使い方の作戦を練っておきましょう。

詳細資料の例

事業計画書	補完資料・詳細資料
企業理念	● 経営者紹介 ● 自分の強み・弱み
事業領域	● 公式資料 ● マスコミ情報、先行事例 ● 市場調査資料→例：調査100人
環境分析	● 競合状況 ● 公式資料 ● マスコミ情報
自社分析	● 賛同者リスト ● 経営者適性説明 ● 経営者個人の資産内容 ● 体制・組織
長期ビジョン ● 企業文化 ● 事業構造 　商品・顧客 　売上高・原価・販管費・設備投資額 ● 経営機能	● 図面・写真・絵 ● 試作品・模型 ● 賛同者リスト→例：賛同者10人 ● サイトサンプル、サイトマップ
中〜短期　行動計画 ● 予定販売先 ● 予定仕入れ先	● 契約書 ● 設備の見積書 ● スケジュール表 ● 広報資料、商品パンフレット
中〜短期　数値目標 ● 目標売上・原価 ● 目標P/L ● 目標B/S ● 目標C/F	● 損益分岐点分析 ● 分析シート（ピボットテーブル）

7 ピボットテーブルで分析に深みを

　事業計画書作成の際、販売計画や仕入計画に関する大量の数値データの分析には、エクセルのピボットテーブルの活用をお薦めします。なれてしまえば、これほど簡単で便利な分析ツールはありません。過去の実績データの分析だけでなく、事業計画のような予測データの分析の際にも大いに威力を発揮します。ピボットテーブルを使いこなしている人の割合は、エクセルのユーザーの１割程度しかいませんが、エクセルさえあれば無料で使える強力なツールですから、ぜひ活用してください。

　ピボットとは、「展開する」「回転する」の意です。各種のグラフを使うことで、データ相互の比較や時系列分析、各データのクロス分析が可能です。また事業計画のデータの間違いを発見することもできます。

　先に作った売上計画表を例に実際に分析してみましょう。分析項目をいろいろ入れ替えながら、全体から個別にブレークダウンして分析します。例では売上予想データを分析した結果、それほど売れそうにないということで、売上計画を下方修正し、目標P/L、目標C/Fの修正につなげました。

　事業計画を第三者にプレゼンテーションする際にも、グラフや絵、図面、写真、可能なら試作品などを見せ、相手の五感に訴える形で説明すると、聞く人の理解を得やすくなることは言うまでもありません。

　同様に、ピボットテーブルで作成したグラフを事業計画書に添付すると事業計画も訴求力を増し、プレゼンテーションも効果的に行えます。パソコンとプロジェクターを説明の場に持ち込んで、事業計画のデータをその場でピボットテーブルを駆使して説明すれば、説明に迫力が増すことは間違いありません。

ピボットテーブル分析

項目欄は空白がないようにする

商品	販売先	担当	月	販売数	単価	原価	売上高	原価計	粗利益
A商品	販売先A社	担当X	1月	4	50	15	200	60	140
A商品	販売先B社	担当Y	1月	2	50	15	100	30	70
A商品	販売先A社	担当X	2月	6	50	15	300	90	210
A商品	販売先B社	担当Y	2月	2	50	15	100	30	70
A商品	販売先A社	担当X	3月	7	50	15	350	105	245
A商品	販売先B社	担当Y	3月	2	50	15	100	30	70
A商品	販売先C社	担当Z	3月	1	50	15	50	15	35
A商品	販売先A社	担当X	4月	7	50	15	350	105	245
A商品	販売先B社	担当Y	4月	2	50	15	100	30	70
A商品	販売先C社	担当Z	4月	1	50	15	50	15	35
A商品	販売先A社	担当X	5月	7	50	15	350	105	245
A商品	販売先B社	担当Y	5月	2	50	15	100	30	70
A商品	販売先C社	担当Z	5月	1	50	15	50	15	35
A商品	販売先A社	担当X	6月	12	50	15	600	180	420
A商品	販売先B社	担当Y	6月	2	50	15	100	30	70
A商品	販売先C社	担当Z	6月	2	50	15	100	30	70
A商品	販売先A社	担当X	7月	21	50	15	1050	315	735
A商品	販売先B社	担当Y	7月	6	50	15	300	90	210
A商品	販売先C社	担当Z	7月	3	50	15	150	45	105
A商品	販売先A社	担当X	8月	30	50	15	1500	450	1050
A商品	販売先B社	担当Y	8月	7	50	15	350	105	245
A商品	販売先C社	担当Z	8月	3	50	15	150	45	105

P.72の「目標売上計画表」からデータをコピーしてエクセルの表を作成します。

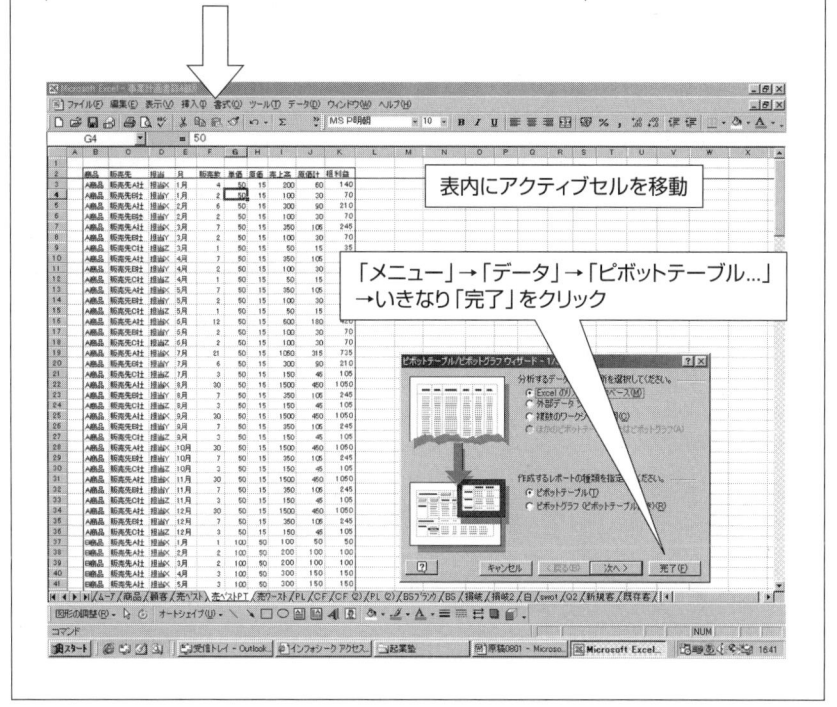

表内にアクティブセルを移動

「メニュー」→「データ」→「ピボットテーブル...」
→いきなり「完了」をクリック

第8章 ▷ 事業計画を磨く・説く ● 175

分析例1　担当別・月別・販売数

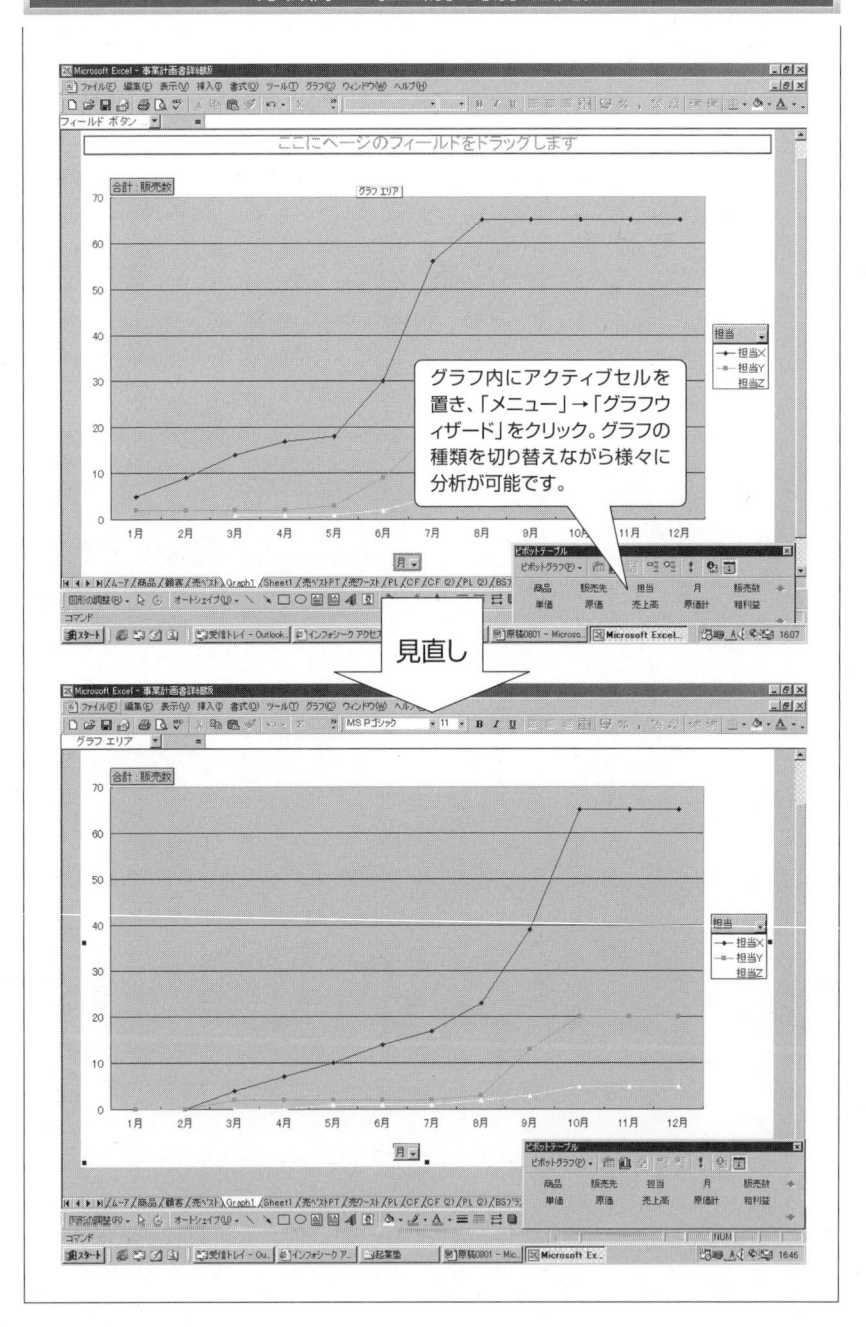

グラフ内にアクティブセルを置き、「メニュー」→「グラフウィザード」をクリック。グラフの種類を切り替えながら様々に分析が可能です。

見直し

分析例2　販売先別・月別・販売数

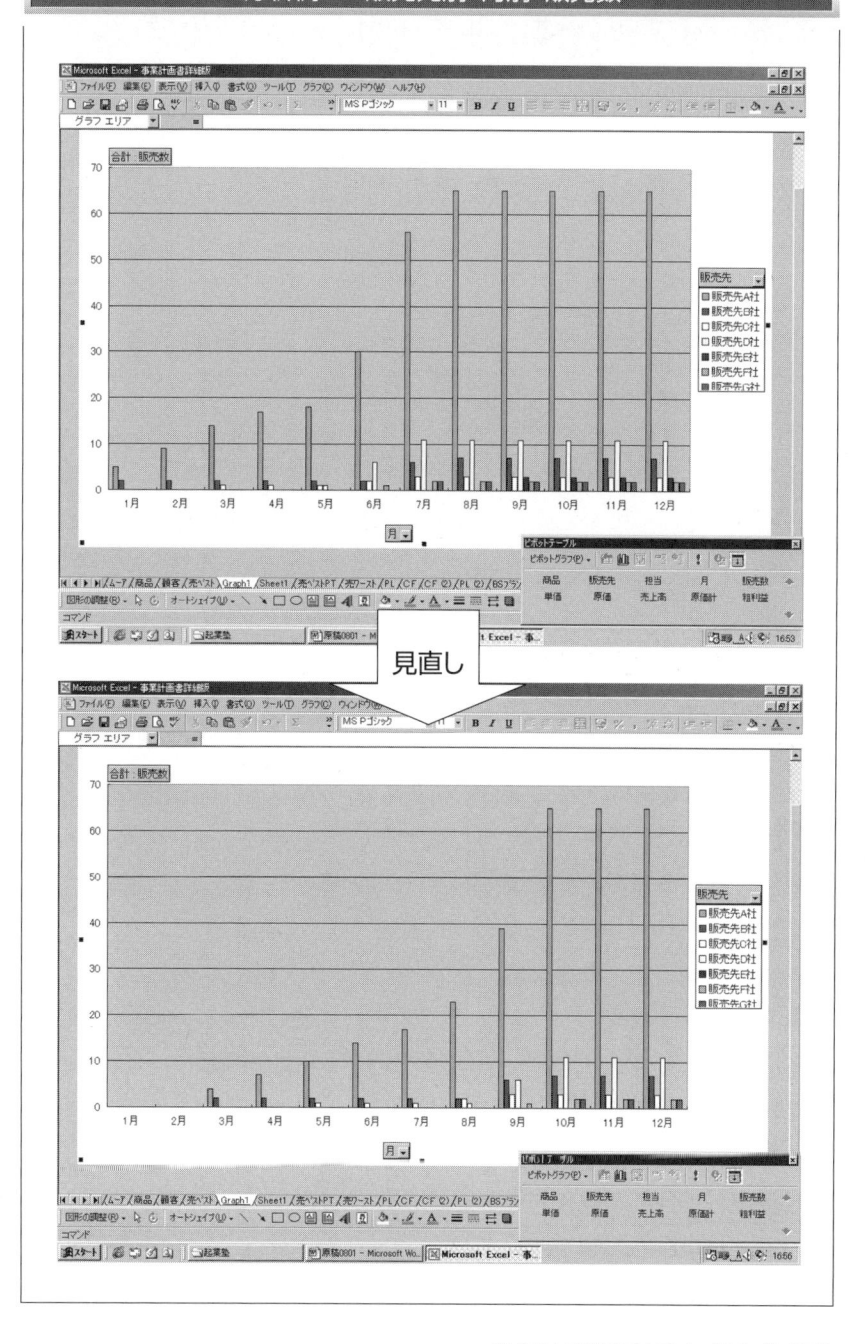

見直し

第8章 ▷ 事業計画を磨く・説く

8　リスク対策にも万全を

　リターンを得ようとすれば、リスクに挑戦することは当然のことです。ハイリスクだからハイリターンなのです。誰もやったことがないからこその起業、創業なのです。
　ただし、リスクへの備えは必須です。特に起業を計画する場合、リスク対策は欠かせません。起業直後は、資金がない、実績がない、顧客がいないなど、ないない尽くしで、事業のリスクは非常に大きくなります。
　リスク対策とは、リスクを予測し、そのリスクが現実となったときに、影響・損害を最小にするよう、事前に採るべき方策を考えておくことを指します。
　予測されるリスクとは、例えば、次のようなものです。

◆**販売不振・受注低迷・価格低下**
　いかにして自社の商品・サービスを売るか、これは事業計画作成時の最重要テーマの１つです。
　→起業前に複数の上得意客を確保しておく！

◆**設備投資額オーバー**
　→契約時に十分にチェック

◆**変動費オーバー（新規客創造の販管費、顧客対応費、メンテ費）**
　→詳細な見積り、実算管理

◆**取引先倒産・滅失**
　→取引開始前に必ず訪問し、自分の目で信用度を確認

◆**自社倒産・撤退**
　→撤退の見極めレベルを決めておく

◆**経営者（自分）の病気・死亡**
　実はこれが最大のリスクです。
　→自己の体力維持策の策定・実行は、経営者の責務です！

フォーマット25　リスク対策表

リスク	発生可能性	発生時期	リスク金額	リスク範囲	回避策
販売不振	大	初年度	大	全体	重要顧客を回る ホームページ見直し
設備投資額オーバー	小	次年度	大	全体	設備仕様見直し 支払時期交渉
変動費オーバー	大	初年度	中	経理	原価低減 労務費見直し
投資回収遅延	大	次年度	大	営業	投資家に説明
資金繰り悪化	大	初年度	大	経理	追加借入 労務費見直し
取引先倒産	大	次年度	大	全体	長期未収精査 未収先訪問・チェック
特許侵害	大	次年度	大	全体	弁理士・弁護士相談
商標侵害	大	初年度	大	営業	弁理士・弁護士相談
許認可・法改定	大	次年度	大	全体	役所・コンサルタントと相談
自社倒産	大	次年度	大	全体	事業撤退レベルを事前に設定
社長病気・死亡	大	次年度	大	全体	主治医用意 定期健康診断

（213ページにフォーマット掲載）

起業事例3

株式会社 TSUNAMI ネットワークパートナーズ　呉雅俊　代表取締役

横浜市港北区新横浜3-6-1　新横浜 SR ビル6階
Tel　045-470-8088
http://www.tsunami2000.co.jp

　呉社長は、元ワタミフードサービス株式会社の常務で、現在は TSUNAMI ネットワークパートナーズの社長として起業家の支援に尽力しています。
　ワタミの渡邉美樹社長とは大学の同期仲間という縁があり、1982年に大学を卒業後、自動車部品メーカーに入社したものの、渡邉社長に請われて、1985年には、創業間もないワタミに合流しました。以降、経理や企画を歴任し、ワタミの上場に直接関わった経験があります。
　ワタミの渡邉社長は、小学校5年生のときにすでに会社を起こすことを決めていたそうです。1982年に大学卒業後、1984年4月に有限会社渡美商事を創業。業容を次々と拡大し、1996年店頭登録、1998年東証二部上場、2000年東証一部上場と飛躍中です。
　そのワタミも創業後しばらくは、失敗の連続だったそうです。1984年1号店居酒屋「つぼ八」開店、1987年お好み焼 HOUSE「唐変木」開店、1989年お好み焼宅配事業「KEI太」開業といろいろ挑戦したものの、いずれも事業計画通りにはいかず、なかなかに波乱の展開だったようです。苦境を乗り越えられたのは、渡邉社長の「情熱」。そのへこたれない情熱は凄いと呉社長は言います。以下、事業計画についてのお話です。

　事業は成功するより失敗するほうがむしろ多いと思います。だから失敗を次にどう生かすかが重要なのです。ワタミの渡邉社長とやった事業も最初は失敗の連続でした。失敗したらやり直せばいい。失敗は説得力がある。失敗をかくすのはダメです。なぜなら信用を失墜するからです。
　分析したか、いきあたりバッタリか、が事業計画が成功するかどうかの分かれ目です。訳もなく別の事業計画にすり替えるのは絶対にダメです。失敗→理由を説明→借入→失敗→理由を説明→出資獲得、というふうにつなげることが重要です。起業当時、あるコンサルタントに言われた「PDCAを回し続けろ。そうすれば事業計画が10億円の担保になる」という言葉を今は実感しています。
　融資・出資を受けるためには目標 P/L だけでなく、目標 B/S、目標 C/F、の3点セットが必要でしょう。
　事業計画説明のポイントは次の5つです。
①買い手は誰
②売り手（仕入れ）はどこ
③競争相手は（競争先との違い、差を説明）
④代替品は（とって替わるもの）
⑤参入障壁は
　数字・予算を突然変えることはできません。ビジネスの趨勢は急には変わらないからです。自分の行動を変えない限り趨勢は変わらないし、変えられません。渡邉社長の教えの1つは「夢に日付を」です。5年先は→3年先は→来年は→来月は→来週は→明日は、と突き詰めて考えていくと事業計画が絵に描いたモチかどうかがわかります。

巻末付録　事業計画書フォーマット集

「事業計画書フォーマット集希望」という件名で kaneda@nihonn.com 宛にメールをお送りいただければ、エクセルで作成したフォーマット集を添付ファイルにてお送りさせていただきます。

フォーマット1　事業計画書総括表

(本文) 18、19ページ

開 業 計 画 書

お名前 _____

・お手数ですが、可能な範囲でご記入いただき、借入申込書に添えてご提出ください。
・お客様ご自身が開業計画書を作成されている場合は、この書類に代えてご提出ください。

1　事業内容など

業　種		開業予定時期	平成　年　月
開業されるのは、どのような目的、動機からですか。			
この事業の経験はありますか。 〔お勤め先、経験年数、お持ちの資格など〕			
お取扱いの商品・サービスを具体的にお書きください。			
セールスポイントは何ですか。			

2　ご予定の販売先・仕入先

販売先		仕入先	

〔平成　　年　　月　　日作成〕

3　必要な資金と調達の方法

必要な資金		金　額	調達の方法	金　額
設備資金	店舗、工場、機械、備品、車両など （内訳）	万円	自己資金	万円
			親、兄弟、知人、友人等からの借入 （内訳・返済方法）	万円
			国民生活金融公庫からの借入	万円
			他の金融機関等からの借入 （内訳・返済方法）	万円
運転資金	商品仕入、経費支払資金など （内訳）	万円		
合　　計		万円	合　　計	万円

4　開業後の見通し（月平均）

		開業当初	軌道に乗った後 （　年　月頃）	売上高、売上原価（仕入高）、経費を計算された根拠をご記入ください。
売　上　高　①		万円	万円	
売上原価　② （仕入高）		万円	万円	
経費	人件費（注）	万円	万円	
	家　　賃	万円	万円	
	支払利息	万円	万円	
	そ の 他	万円	万円	
	合　計　③	万円	万円	
利　益 ①-②-③		万円	万円	（注）個人営業の場合、事業主の分は含めません。

ほかに参考となる資料がございましたら、計画書に添えてご提出ください。（国民生活金融公庫）

フォーマット2　自分の強み・弱みチェック表

(本文) 23ページ

分類	項目	強み	弱み	備考
人間力	プラス志向	□	□	( )
	コミュニケーション力	□	□	( )
	リーダーシップ	□	□	( )
	モラル	□	□	( )
資質	資格	□	□	( )
	特技	□	□	( )
	語学	□	□	( )
経営能力	経理・財務能力	□	□	( )
	人事管理力	□	□	( )
	グローバル志向	□	□	( )
	人的ネットワーク	□	□	( )
商品開発力	開発意欲	□	□	( )
	企画力	□	□	( )
	技術力	□	□	( )
営業力	顧客開拓力	□	□	( )
	販促力	□	□	( )
システム力	システム企画・開発力	□	□	( )
	運用力	□	□	( )
資金力	自己資金	□	□	( )
	外部資金	□	□	( )
その他		□	□	( )
		□	□	( )
		□	□	( )
		□	□	( )

※上記「プラス志向」に関する質問です。YES、NOで答えてください。

	YES	NO
・知人に飲み会に誘われたらいったんは断る	□	□
・街で知り合いに会うことはめったにない	□	□
・人の名前を覚えるのが苦手でなかば諦めている	□	□
・上司に難しい仕事を打診されたら拒否したい	□	□
・新しい仕事をするときは、まず障害要因を先に考える	□	□
・未経験の仕事は極力避ける	□	□
・成功よりも失敗イメージをまず考えるようにしている	□	□
・クレームがきた顧客との商売は控えるようにしている	□	□
・失敗すると当分は立ち上がれない性格だ	□	□

フォーマット3　企業理念設定シート

(本文) 27ページ

企業理念の設定

①企業使命	②経営姿勢	③行動規範
社会に提供する価値	経営上重視すること	経営者・社員の心得

フォーマット4　外部環境分析シート

(本文) 29ページ

◆マクロ分析

	項目	現状	今後の動向	チャンス	脅威
政経	・法と規制 ・政策 ・個人消費				
社会	・生活スタイル ・消費スタイル ・人口動態				
技術	・新技術 ・新素材 ・新システム				

◆ミクロ分析

	項目	現状	今後の動向	チャンス	脅威
顧客	◎ 顧客の動向 ・新商品 ・代替商品				
仕入・生産	◎ 仕入先動向 ・業界構造 ・原材料				
販売	◎ 競合他社 ・物流 ・販促手法				

フォーマット5　自社商品・サービス勝ち位置決定シート

(本文) 39ページ

商品名 _____

	セグメント	ターゲット顧客	ポジション（強み）	弱み
自社				

フォーマット6　自社分析シート

(本文) 41ページ

	項　目	現　状	今後の動向	自社の強み	自社の弱み
商品	・特性 ・成長性 ・収益性				
開発	・技術 ・システム				
生産	・技術 ・システム ・設備				
営業	・販売策 ・システム ・チャネル				
物流	・技術 ・システム ・設備				
組織	・人材				
財務	・資金 ・経費				

フォーマット7　事業成功要因分析シート

(本文) 43ページ

商品：＿＿＿＿＿＿＿＿　　　顧客セグメント：＿＿＿＿＿＿＿＿

◆外部環境分析（マクロ分析）

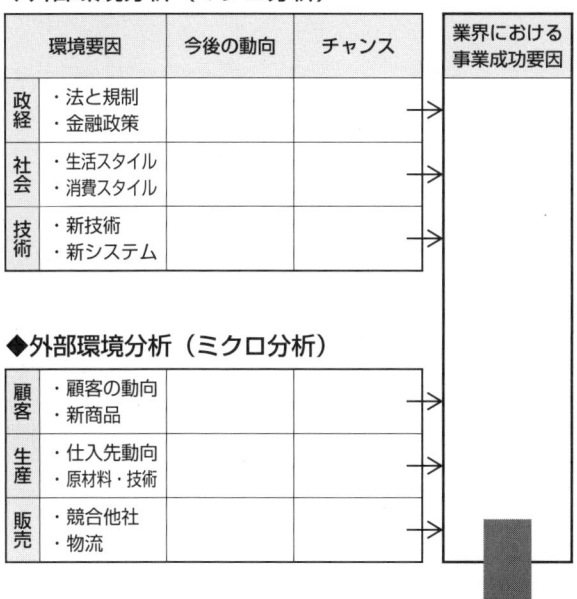

	環境要因	今後の動向	チャンス	業界における事業成功要因
政経	・法と規制 ・金融政策			
社会	・生活スタイル ・消費スタイル			
技術	・新技術 ・新システム			

◆外部環境分析（ミクロ分析）

		今後の動向	チャンス	
顧客	・顧客の動向 ・新商品			
生産	・仕入先動向 ・原材料・技術			
販売	・競合他社 ・物流			

↓

◆自社分析

	項目	今後の動向	自社の強み	自社の事業成功要因	ギャップ	将来へ向けての解決策
商品	・特性 ・成長性					
開発	・技術 ・システム					
生産	・技術 ・システム					
営業	・販売策 ・システム					
物流	・技術 ・システム					
組織	・人材					
財務	・資金 ・経費					

フォーマット8　事業領域(ドメイン)決定シート

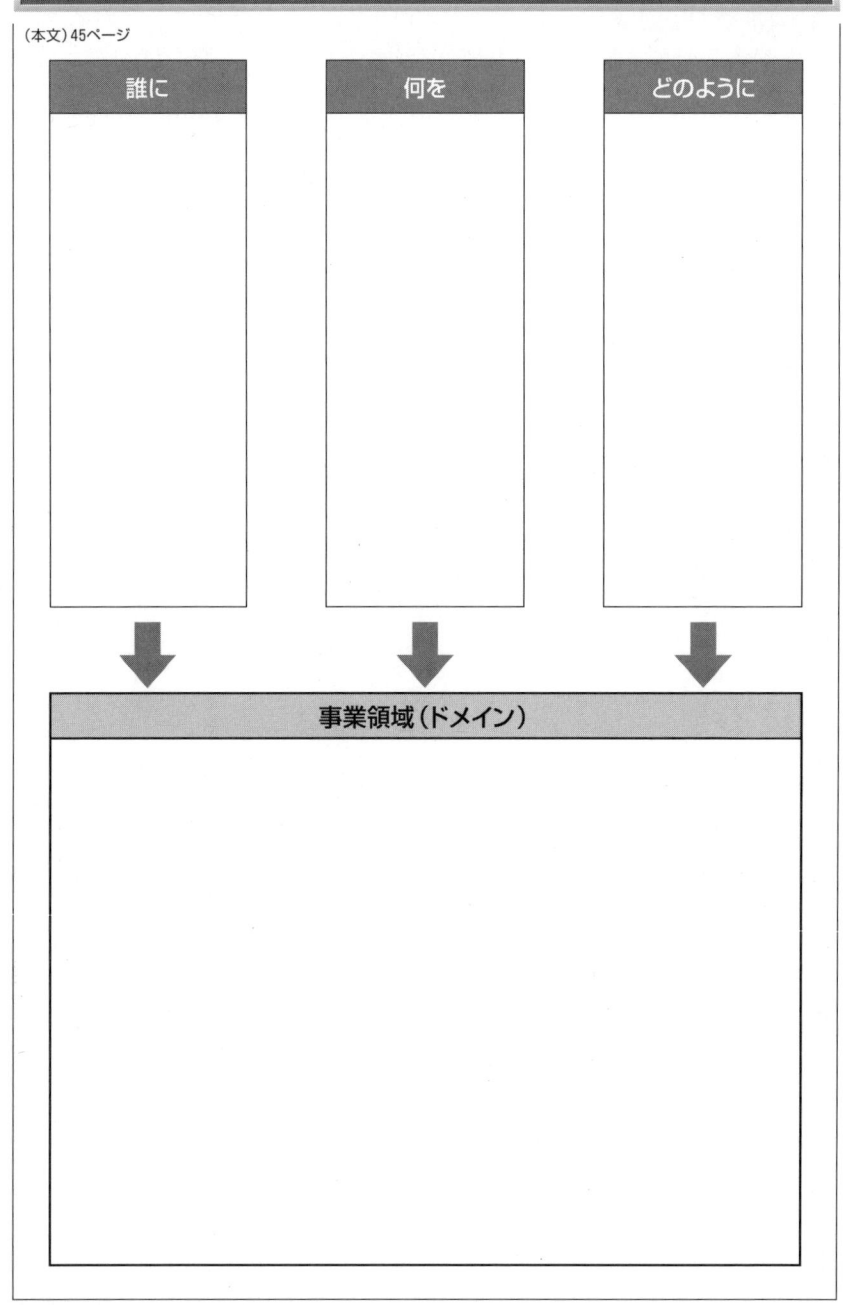

(本文) 45ページ

誰に	何を	どのように

↓　　↓　　↓

事業領域(ドメイン)

フォーマット9　長期ビジョン設定シート

(本文) 47ページ

長期ビジョン		
①企業文化ビジョン	②事業構造ビジョン	③経営機能ビジョン

フォーマット10　人員計画表

(本文) 51ページ

部門・職種	担当	1年目	2年目	3年目	備考
経営陣					
営業					
技術・開発					
生産					
資材・購買					
業務					
合計	役員	人	人	人	
	従業員	人	人	人	

フォーマット11　組織・人事計画表

(本文)53ページ

	項目	当初3年間の課題	対応策
組織	役員 参謀 従業員 　開発・技術 　業務 　営業 予算制度 目標管理 　1人あたり売上高 　1人あたり人件費 会議体 業務遂行ルール		
人事	採用 教育 人事考課 昇進・昇格 賃金・賞与 福利厚生 労使関係・労働条件		

フォーマット12　協力者・支援者一覧表

(本文) 55ページ

項目	協力者・支援者	内容（人、物、金、技術、情報）
得意先		
仕入先		
行政機関		
金融機関		
大学・研究機関		
身内		
友人		
先輩・恩師		
参謀		
士業:司法書士		
税理士		
社会保険労務士		
行政書士		
弁理士		
弁護士		
経営コンサルタント		
起業コンサルタント		
健康コンサルタント(主治医)		

フォーマット13　仕入先検討表

(本文) 59ページ

コード	商品	仕入先	所在地	価格	条件	強み	弱み

フォーマット14　生産計画表

(本文)61ページ

コード	商品名	生産場所	数量・価格	1月目	2月目	3月目	4月目	5月目	6月目
			販売個数 販売価格						
			生産個数 生産原価						
			在庫個数 在庫価格						
			販売個数 販売価格						
			生産個数 生産原価						
			在庫個数 在庫価格						
			販売個数 販売価格						
			生産個数 生産原価						
			在庫個数 在庫価格						
			販売個数 販売価格						
			生産個数 生産原価						
			在庫個数 在庫価格						
	合計		販売個数 販売価格						
			生産個数 生産原価						
			在庫個数 在庫価格						

(千円)

7月目	8月目	9月目	10月目	11月目	12月目	1年目計	2年目計	3年目計

フォーマット15　流通チャネル検討表

（本文）71ページ

	項目	特性	課題	対応策
商品特性				
仕入経路				
販売経路				

フォーマット16　目標売上計画表

(本文) 73ページ

全商品		1月目	2月目	3月目	4月目	5月目	6月目
売上計　A〜D							
原価計　A〜D							

A商品			1月目	2月目	3月目	4月目	5月目	6月目
	単価	①						
	数量 ③+④+⑤	②						
	販売先:　　　担当	③						
	販売先:　　　担当	④						
	販売先:　　　担当	⑤						
	売上高 ①×②	⑥						

①		⑦		⑧	
単価		材料費		仕入商品	

B商品			1月目	2月目	3月目	4月目	5月目	6月目
	単価	①						
	数量 ③+④+⑤	②						
	販売先:　　　担当	③						
	販売先:　　　担当	④						
	販売先:　　　担当	⑤						
	売上高 ①×②	⑥						

①		⑦		⑧	
単価		材料費		仕入商品	

C商品			1月目	2月目	3月目	4月目	5月目	6月目
	単価	①						
	数量 ③+④+⑤	②						
	販売先:　　　担当	③						
	販売先:　　　担当	④						
	販売先:　　　担当	⑤						
	売上高 ①×②	⑥						

①		⑦		⑧	
単価		材料費		仕入商品	

D商品			1月目	2月目	3月目	4月目	5月目	6月目
	単価	①						
	数量 ③+④+⑤	②						
	販売先:　　　担当	③						
	販売先:　　　担当	④						
	販売先:　　　担当	⑤						
	売上高 ①×②	⑥						

①		⑦		⑧	
単価		材料費		仕入商品	

(千円)

7月目	8月目	9月目	10月目	11月目	12月目	1年目合計	2年目合計	3年目合計

7月目	8月目	9月目	10月目	11月目	12月目	1年目合計	2年目合計	3年目合計

⑨ 外注費		⑩=⑦+⑧+⑨ 原価計		⑪=⑩÷① 原価率	

⑨ 外注費		⑩=⑦+⑧+⑨ 原価計		⑪=⑩÷① 原価率	

⑨ 外注費		⑩=⑦+⑧+⑨ 原価計		⑪=⑩÷① 原価率	

⑨ 外注費		⑩=⑦+⑧+⑨ 原価計		⑪=⑩÷① 原価率	

巻末付録 ▷ 事業計画書フォーマット集

フォーマット17　目標P／Lシート

(本文) 80、81ページ

	費目		備考	1月目	2月目	3月目	4月目	5月目	6月目
	売上高	①							
変動費	原価	②							
	材料費								
	仕入商品								
	外注費								
	変動経費	③							
	販促費								
	荷造運搬費								
	販売手数料								
	変動費計	④	②+③						
	限界利益	⑤	①−④						
固定費	原価	⑥							
	労務費								
	減価償却費								
	修繕費								
	消耗品費								
	販売費・一般管理費	⑦							
	役員報酬								
	人件費(給与)								
	人件費(社会保険料)								
	人件費(雇用保険)								
	通勤交通費								
	家賃								
	光熱費・通信費								
	備品費								
	事務用品・消耗品費								
	租税公課他								
	固定費計	⑧	⑥+⑦						
	経費合計	⑨	④+⑧						
	営業利益	⑩	①−⑨						
	営業外収益		受取利息						
	営業外費用		支払利息						
	経常利益	⑪							
	特別利益								
	特別損失								
	税引前利益	⑫							
	法人税等								
	税引後利益	⑬							
	前期繰越利益	⑭							
	当期未処分利益	⑮							
	限界利益率	⑯	⑤÷①						
	損益分岐点売上高	⑰	⑧÷⑯						

(千円)

7月目	8月目	9月目	10月目	11月目	12月目	1年目計	2年目計	3年目計

フォーマット18　目標C／Fシート

(本文) 86、87ページ

費目		備考	1月目	2月目	3月目	4月目	5月目	6月目
	期首資金残高 ①							
	売上高 ②							
変動費	原価							
	変動経費							
	変動費計 ③							
固定費	原価 ④							
	労務費							
	減価償却費							
	修繕費・消耗品費							
	販売費・一般管理費 ⑤							
	役員報酬							
	人件費(給与)							
	人件費(社会保険料)							
	人件費(雇用保険)							
	通勤交通費							
	家賃							
	光熱費・通信費							
	備品費							
	事務用品・消耗品費							
	租税公課他							
	固定費計 ⑥							
	経費合計 ⑦							
	営業利益 ⑧							
	営業外収益							
	営業外費用							
	経常利益 ⑨							
	特別利益	受取利息						
	特別損失	支払利息						
	税引前利益 ⑩							
	法人税等							
	税引後利益 ⑪							
	減価償却費調整 ⑫							
	営業C／F ⑬	⑪－⑫						
	固定資産の取得・売却							
	その他							
	投資C／F ⑭							
	フリーC／F ⑮	⑬＋⑭						
	消費税負担額 ⑯							
	借入金返済 ⑰							
	借入金または増資 ⑱							
	財務C／F ⑲	⑱－⑯－⑰						
	期末資金残高 ⑳	①＋⑮＋⑲						

(千円)

7月目	8月目	9月目	10月目	11月目	12月目	1年目計	2年目計	3年目計

フォーマット19　目標B/Sシート

(本文)95ページ

(千円)

	費目	備考	1年目	2年目	3年目
流動資産	現金・預金・有価証券				
	受取手形・売掛金				
	棚卸資産				
	その他流動資産				
	計　　　　　①				
固定資産	有形固定資産	建物・備品等			
	無形固定資産	利用権、商標権			
	投資等				
	計　　　　　②				
借方合計　①＋②　③					

	費目	備考	1年目	2年目	3年目
流動負債	支払手形				
	買掛金				
	短期借入金	1年未満			
	未払法人税				
	その他流動負債				
	計　　　　　④				
固定負債	長期借入金	1年以上			
	長期未払金				
	その他固定負債				
	計　　　　　⑤				
資本	資本金				
	資本・利益準備金				
	利益積立金				
	当期未処分利益				
	計　　　　　⑥				
貸方合計　④＋⑤＋⑥　⑦					

フォーマット20　資金調達検討表

(本文) 99ページ

資産明細		現在残高（万円）	備　考
預貯金等	預貯金		
	退職金		
有価証券	株		
	保険		
動産	車		
不動産	家		
合計	①		

資本金	：自己資金		
	：他人資金・現物		
資金	：設備資金		
	：運転資金		
事業投入額計	②		
借入	：公庫借入額		
	：親・兄弟・友人		
	：銀行・信金・信組		
調達資金計	③		
差引手元資金	④		①−②+③

必要生活費	月平均金額	備　考
衣食費他		
家賃・ローン返済額等		
水道・光熱費・保険・医療費等		
合計　　　⑤		

耐乏可能月数		④÷⑤

当初役員報酬ゼロでも持ち堪えられる月数

フォーマット21　パブリシティ・シート

(本文) 139ページ

NEWS RELEASE

　　　　　　　　　　　　　　　　　　　　　　　年　月　日

　　　　　　　　　様

本件への問い合わせは下記へお願いします
広報担当
電話　　　　　　携帯
FAX

フォーマット22　最重要顧客への対応策シート

(本文) 141ページ

ランク [　　] お客様 [　　　　　　　　　] 商品名 [　　　　　　　　]

お客様の真のニーズは何か？ 今、何を一番求めているのか？	
今、自社に期待されていることは何か？	
お客様の問題を解決するサービスは何か？	
再受注につなげる切り札は何か？	
お客様が自社から離れてしまうリスクは何か？	

巻末付録▷事業計画書フォーマット集

フォーマット23　資金繰り表

(本文) 143ページ

項　目	備　考	月 予定	月 実績	月 予定	月 実績	月 予定	月 実績	月 予定	月 実績	月 予定	月 実績
前月からの繰越											
現金売上											
売掛金回収	※早期回収										
商手割引	※金融機関で割引										
手形期日入金											
前受金											
雑収入											
増資　他											
入金計											
仕入現金支払											
買掛金支払	※支払延期										
支払手形決済											
人件費											
経費	※経費カット										
支払利息											
前渡金											
設備費											
決算関係費											
投融資　他											
出金計											
短期借入	※										
短期返済											
長期借入	※										
長期返済											
財務収支											
翌月への繰越											
借入金残高											

※繰越がマイナスになりそうな場合に対策を取るべき項目

(千円)

月予定	月実績	月予定	月実績	月予定	月実績	月予定	月実績	月予定	月実績	月予定	月実績	月予定	月実績	月予定	月実績	月予定	月実績	月予定	月実績

フォーマット24　バランススコアカード

(本文) 159ページ

4つのバランスを総合的にコントロールする

4視点	戦略目標 (重要成功要因)	責任者	業績管理指標	ターゲット	具体的 プログラム	評価
財務						

↑ 連鎖

顧客						

↑ 連鎖

業務 プロセス (企業内部)						

↑ 連鎖

学習・成長 (技術革新 ノウハウ 蓄積)						

フォーマット25　リスク対策表

(本文) 179ページ

リスク	発生可能性	発生時期	リスク金額	リスク範囲	回避策

●著者

兼田　武剛（かねだ・たけつよ）
1943年東京生まれ。一橋大学経済学部卒。日産自動車株式会社にて、情報システム部課長、直納部主管、販売会社支援部主管などを歴任。1997年日産リース株式会社取締役に就任。2000年株式会社日本ドットコムを設立。
現在、株式会社日本ドットコム代表取締役社長として、経営指導、販促指導、業務改革指導など経営コンサルティング業務を行っている。株式会社ティーエーシー取締役、株式会社アイ・エス・オー　インキュベーション・マネジャー、ザ起業塾主宰。

株式会社日本ドットコム
　〒231-0004
　横浜市中区元浜町3-21-2　ヘリオス関内ビル
　TEL：045-222-8513　FAX：045-881-4875
　http://www.nihonn.com

実務入門
起業のための事業計画書のすべて

2005年4月1日　初版第1刷発行
2005年9月15日　　　第2刷発行

著　者──兼田武剛
　　　　　Ⓒ2005 Taketsuyo Kaneda
発 行 者──野口晴巳
発 行 所──日本能率協会マネジメントセンター
〒105-8520 東京都港区東新橋1-9-2　汐留住友ビル24階
TEL(03)6253-8014（代表）
FAX(03)3575-2640（編集部）
http://www.jmam.co.jp/

装　丁────石澤義裕
本文DTP────株式会社マッドハウス
印刷・製本所────日経印刷株式会社

本書の内容の一部または全部を無断で複写複製（コピー）することは、法律で認められた場合を除き、著作者および出版者の権利の侵害となりますので、あらかじめ小社あて承諾を求めてください。

ISBN 4-8207-4285-X C2034
落丁・乱丁はおとりかえします。
PRINTED IN JAPAN

JMAM 好評既刊図書

実務入門
事業計画書のつくり方

ニューチャー
ネットワークス [編著]

●A5判232頁

成功するための事業計画の立て方、事業計画書の書き方をフォーマットと図表を用いながら具体的に手順を追って解説する。多くの企業の事業計画に携わった戦略的コンサルティング・ファームが持つノウハウを完全収録。

Series 戦略実行
中期経営計画　戦略プランニング

UFJ総合研究所
経営戦略部 [著]

●A5判232頁

財務面はもちろん、ビジョンや戦略、戦術など定性的な部分についても書き方の事例を盛り込み、中期経営計画の立て方とともに中期経営計画書の書き方も具体的にイメージできる。中堅・中小企業の方にもわかりやすい1冊。

Series 戦略実行
事業再構築　戦略シナリオ

UFJ総合研究所
経営戦略部 [著]

●A5判240頁

実際のコンサルティングノウハウをもとに、事業再構築の実行プロセスを実例を交えて解説。現状分析、経営計画、営業力強化、コストダウンなどのほか、事業撤退の戦術を詳解。選択と集中で再生した大手総合商社の事例も紹介。

Series 戦略実行
経営統合　戦略マネジメント

松江英夫 [著]

●A5判296頁

経営統合は、まずは経営トップ同士が話しにくいことを先に話すことが重要となる。そのうえで、戦略・組織・業務プロセス・情報システム・人事制度など各機能ごとの課題を調整・解決する。その実践プロセスを実務家が解説。

日本能率協会マネジメントセンター